Aurelia Louise Jones

Telos

Buch 1

Lippert-Verlag

Aurelia Louise Jones

Telos

Buch 1

Lippert-Verlag

Übersetzung: Evelyn Kümmerle
Überarbeitung: Renate Lippert
Titelbild: Rudolf Lippert
Gestaltung: Renate und Rudolf Lippert

Deutsche Erstausgabe März 2007

Tel.: 07578-2229, Fax: 07578-933194
www.lippert-verlag.de
e-mail: info@lippert-verlag.de
In Deutschland gedruckt
ISBN 978-3-933470-19-5

Mit großem Vergnügen und großer Vorfreude bringen wir euch die Erinnerungen Lemurias. Obwohl diese Erinnerungen eine Zeit lang scheinbar verloren waren, haben sie doch in euren Herzen weitergelebt und sind dort gediehen bis zu diesem jetzigen Moment in der Zeit. In Telos fühlen wir uns geehrt, uns mit euren Herzen zu verbinden und bei der Vereinigung unserer beiden Zivilisationen zu assistieren.

Wir schicken euch viel Liebe aus Telos, wo diese göttliche Energie in großer Fülle fließt. Bis wir uns treffen, übt euch in der Anwendung der Kunst wahrer Liebe, was damit beginnt, euch selbst zu lieben. Möge in eurem Herzen die Liebe füreinander und für die gesamte Schöpfung als kostbare Juwelen und Ausdruck der Liebe des Mutter/Vater-Gottes reichlich vorhanden sein! Wir bewahren euch liebevoll in unseren Herzen.

Adama, Galatia und Ahnahmar

Inhalt

Teil 1

Unsere Verbindung mit Lemuria

Teil 2

Botschaften von Adama, dem Hohepriester von Telos

Teil 3

Botschaften von verschiedenen Wesen

Widmung

Ich möchte dieses Buch allen aufgestiegenen Wesenheiten widmen, die der Menschheit und dem Aufstieg dieses Planeten von der anderen Seite des Schleiers aus helfen; besonders Lord Maitreya, Lord Sananda, St. Germain, El Morya, Quan Yin, Mutter Maria, Kuthumi, Erzengel Michael und Mutter Erde – auf Grund ihrer unendlichen Liebe und Geduld bei ihrer Bereitstellung einer Evolutionsplattform für unsere Seelen mit dem Ziel, sie größere Weisheit und größeres Verständnis gewinnen zu lassen. Ich möchte auch meine tiefe Liebe und Dankbarkeit gegenüber Adama, dem Hohepriester von Telos, ausdrücken, der mit mir so liebevoll und geduldig war und ist und auch gegenüber meiner ganzen lemurianischen Familie in Telos.

Anerkennung

Für meine Schwester Helen, meinen Bruder Guy und ihre Familien, die mir in diesem Leben immer so nahe gestanden sind und die immer bereit waren, ihre Liebe auszudehnen, zu verstehen und eine helfende Hand zu sein. Für Thomas, meinen früheren Bruder in der Zeit Lemurias und für meine Eltern, die mich nun von der anderen Seite des Schleiers aus unterstützen. Für alle Mitglieder der Telos Weltstiftung *(Telos World-Wide Foundation)*, die mit so viel Liebe und Hingabe daran arbeiten, beim Erscheinen unserer lemurianischen Familie zu assistieren.

Ich möchte meine tiefe Dankbarkeit unseren lemurianischen Brüdern und Schwestern ausdrücken, welche die Energien der Aufstiegsflamme für den Planeten aufrechterhalten haben, bis wir spirituell reif genug sind, um diese Energien selbst zu halten.

Nicht zuletzt ist es mein Wunsch, meine geliebten Zwillingsflammen Adama und Ahnahmar zu ehren, die seit unserer physischen Trennung beim Sinken Lemurias in Telos geblieben sind und dort geduldig auf meine Rückkehr gewartet haben. Adama und Ahnahmar, ich weiß, dass ihr mich von eurer Ebene aus meine ganze lange Reise auf der Oberfläche hindurch beständig geliebt und unterstützt habt. Mit tiefer Liebe danke ich euch beiden, mit aller Dankbarkeit, die mein Herz ausdrücken kann.

Ein Wort von Aurelia Louise Jones

Vor ein paar Jahren, als ich noch in Montana lebte, sagte mir Lord Sananda *(in seiner letzten Inkarnation bekannt als Meister Jesus)* in einer Channelling-Sitzung, dass ich letztendlich nach Mount Shasta ziehen würde, um mich auf ein sehr viel größeres Umfeld des Dienstes und der Erfüllung meiner Mission auf diesem Planeten vorzubereiten.

Ein paar Monate später, im Februar 1997, erhielt ich auf meinem Computer eine E-Mail von Adama, dem Hohepriester von Telos, in der er mich einlud, einen Umzug in die Gegend von Mount Shasta in Betracht zu ziehen, um mich auf meine endgültige Mission mit den Lemurianern vorzubereiten. Die Botschaft war nicht sehr lang, ungefähr 12 bis 15 Zeilen, aber sehr speziell. Sie trug auch eine wundervolle Schwingung der Liebesenergie in sich. Ich war ziemlich überrascht, um es gelinde auszudrücken, und ich war sehr aufgeregt darüber, solch eine Botschaft von denjenigen zu erhalten, mit denen ich mich schon so lange sehnsuchtsvoll wieder verbinden wollte. Zu diesem Zeitpunkt begann ich, meine Pläne für den Umzug nach Mount Shasta zu schmieden und ich kam schließlich im Juni 1998 dort an – mit all meiner Habe und einer Familie Katzen.

Drei Jahre nach meinem Umzug fühlte ich zu meiner Enttäuschung und Traurigkeit, dass ich durch eine Serie intensiver Einweihungen gegangen war, doch noch immer keinen Kontakt zu den Lemurianern hatte und auch keine Kommunikation mit ihnen. Ich begann zu glauben, sie würden mich ignorieren oder ich sei nicht „gut genug“. Oder dass sie in Bezug auf die Arbeit mit mir ihre Meinung geändert hätten oder ich ihre Prüfungen nicht bestanden hätte. Mir war die ganze Zeit nicht bewusst, dass ich durch eine lange Serie von etwas hindurchgegangen war, das als die „Einweihungen des Berges“ bekannt ist, und dass ich auf innerer Ebene auf meine Mission vorbereitet wurde.

Schließlich, eines Nachmittags, erhielt ich völlig unerwartet einen Brief von Adama, persönlich ausgehändigt durch einen Boten. Der Brief informierte mich darüber, dass ich jetzt bereit und die Zeit gekommen sei, bewusster und enger mit ihm zusammenzuarbeiten, um mich abschließend für meine Mission vorzubereiten. Dann erhielt ich eine weitere Serie intensiver Einweihungen; einige meiner Fähigkeiten zu channeln betreffend, einer Fähigkeit, der ich mich bis dahin nur zögerlich hatte öffnen können.

In einem Gespräch mit Lord Sananda, ein paar Monate zuvor, hatte dieser mir gesagt, dass für Adama die Zeit gekommen sei, auf diesem Planeten gehört zu werden, und dass er sich entschieden hatte, durch mich für diesen einzigartigen Zweck zu arbeiten. Und er fügte hinzu: „Wisse, Adama tut keine geringen Dinge. Er hat große Pläne. Er beabsichtigt, auf umfangreiche Weise auf diesem Planeten gehört zu werden. Bereite dich auf diese tiefe Verschmelzung seiner Energien mit den deinen vor und auf das Entfalten seines Plans.“

An diesem Punkt betrachtete ich mich selbst noch als ziemlichen Anfänger beim Channeln und ich wusste, dass ich meine Ängste, Selbstzweifel und mein Zögern ziemlich schnell würde überwinden müssen, und dass ich meine Fähigkeiten zu channeln ernsthaft schärfen müsste. Ich wusste, dass es keine Zeit mehr gab, auf der Spitze von irgendwelchen Hügeln zu sitzen und dem Vorbeiziehen der Wolken zuzuschauen. Fast unmittelbar und ungeachtet meiner selbst, begannen mehrere Leute, mich darum zu bitten, für sie schriftliches Material von Adama zu channeln oder für sie mit ihm private Channel-Sitzungen durchzuführen. Ich wurde bald eingeladen, Adama bei verschiedensten öffentlichen Präsentationen zu channeln. Mittlerweile habe ich ihn mehrmals bei kleinen und großen öffentlichen Veranstaltungen in den USA, in Kanada, Frankreich, der Schweiz und Belgien gechannelt.

Für mich ist jetzt offensichtlich, dass dies erst der Anfang war und dass meine Mission mit den Lemurianern jetzt viel umfangreicher werden würde. Die Gelegenheiten zum Dienst nahmen enorm zu und alles, was ich tun musste, war, mich grundsätzlich für den Dienst bereitzuhalten. Ich habe es in höchstem Maße genossen, die neue Information für diese Bücher durchzugeben und in Zukunft wird noch viel mehr dazu kommen. Jedes Mal, wenn ich Adama channele, fühle ich ihn direkt in meinem Herzen. Ich fühle die Wärme und die Geborgenheit seiner Liebe, die sich ausdehnt und strahlt. Wenn ich seine Energie in meinem Herzen fühle, bringt sie buchstäblich mein Herz zum Singen. Ich kenne ihn als einen höchst liebenden und loyalen Freund, dem ich wahrhaftig und vollkommen vertrauen kann.

Im letzten Jahr, als sich ein noch direkterer Kontakt mit den Telosianern manifestiert hatte, bin ich auch mit anderen wundervollen Wesen aus Telos in Verbindung getreten. Ich habe mich auch mit früheren lemurianischen Familienmitgliedern wieder verbunden, was eine bewusste Wiederverbindung mit meiner Zwillingsflamme Ahnahmar beinhaltete, der seit dem Untergang Lemurias in Telos im selben physischen Körper lebt. Wenn ich spazieren gehe und die verschiedenen Gegenden um Mount Shasta herum erkunde, scheint mein „lemurianisches Team" – wie sie sich selbst nennen – immer bei mir zu sein. Sie haben mir mehrere frühere Orte von antiken heiligen Plätzen und Tempeln gezeigt, die in der 5. Dimension noch existieren. Wir haben Eintrittspforten zu multidimensionalen Korridoren und Portalen besucht, Energiewirbel, Feenreiche und sogar einen Ort, an dem große Familien von Einhörnern immer noch in einer Dimension leben, die nur wenig über der unseren liegt und die für Viele einsehbar ist, die offen in ihrer inneren Wahrnehmung sind.

Die Orte, die sie mir gezeigt haben, sind noch von keinem anderen auf der Erdoberfläche wiedererkannt oder enthüllt worden, und sie müssen verschleiert bleiben, bis die entsprechende Schwingung auf unserem Planeten vorherrscht. Ich weiß auch, dass es auf der Oberfläche und innerhalb der Erde noch viel mehr zu entdecken gibt, als wir uns möglicherweise je erträumen lassen würden und dies alles wird nun schrittweise offenbart im Fortschreiten des Erwachens.

Dies ist aufregend, meine Freunde, denn, wenn wir unser Bewusstsein unserer Göttlichkeit öffnen, die Dualität loslassen und Arglosigkeit und Einheit annehmen, wird sich eine neue Welt direkt vor unseren Augen entfalten. Diese Welt erwartet euer Erwachen in eine Realität, die immer da gewesen ist; in eine Realität, die in unserer Sicht nur durch unsere lange Reise in die Illusion der Trennung von Gott verschleiert war. Diese Welt ist angefüllt von Magie, Liebe, Wundern und großer Vielfalt. Wie aufregend wird es für uns alle sein, die Schätze zu entdecken und wieder zu finden, die wir vor sehr langer Zeit zurückgelassen haben.

Die Rückkehr der Lemurianer und ihr letztendliches Auftauchen unter uns ist nicht weniger, als das „Zweite Kommen", auf das wir seit so langer Zeit gewartet haben. Die Lemurianer haben schon lange das vollständige Christusbewusstsein erreicht und sobald wir bereit sind, sie unter uns zu empfangen, werden sie uns lehren, wie wir hier, geradewegs hier auf der Oberfläche dieses Planeten, die Art Paradies verwirklichen können, das sie für sich selbst in Telos geschaffen haben. Sie werden uns dabei helfen, ein Goldenes Zeitalter zu errichten, das die Vollständigkeit des Christusbewusstseins manifestiert, welches die Göttlichkeit darstellt, die innerhalb unserer Herzen immer vorhanden gewesen ist. Der unserem Sein innewohnende Christus wird auf diesem Planeten und in unserem täglichen Leben greifbar manifestiert werden.

Willkommensgruß von Adama

Seid gegrüßt, meine lieben Freunde!

Es herrscht in der Tat große Freude und Erregung in unseren Herzen darüber, dass wir aus Telos uns von Herz zu Herz mit all jenen unter euch verbinden, die sich zu den Offenbarungen des Neuen Lemuria hingezogen fühlen!

Im Namen des Lemurianischen Zwölferrats von Telos, des Königs und der Königin von Telos „Ra und Rana Mu" sowie all eurer früheren Brüder und Schwestern der gegenwärtigen lemurianischen Zivilisation heißen wir euch alle willkommen im Herzen von Lemuria, dem Herzen des Mitgefühls. Wir sind tatsächlich die Überlebenden dieser mächtigen Zivilisation und, zur großen Überraschung für viele von euch auf der Erdoberfläche, offenbaren wir euch in dieser wichtigen Zeit der Evolution der Erde, dass wir wirklich „real" sind! Wir fühlen uns wohl und sind lebendig, leben unterhalb des Berges Mount Shasta in Kalifornien, nach 12.000 Jahren der Isolation von der Bevölkerung der Erdoberfläche.

Die Zeit ist nun gekommen, ihr Geliebten, dass unsere zwei Zivilisationen sich wieder vereinen. Eine der Hauptausrichtungen unserer Lehren ist, bei der Schaffung der Bedingungen zu assistieren, die vorbereitend für unser letztendliches Erscheinen unter euch notwendig sind. Die lange dunkle Nacht, die uns so lange getrennt hat, ist nun vorüber. Wir planen, in naher Zukunft physisch unter euch zu erscheinen, um uns mit all denen unter euch, die sich dafür bereit gemacht haben, in Liebe, Weisheit und Verständnis wieder zu vereinen.

Es ist unser Herzenswunsch, euch all das zu lehren, was wir seit dem Sinken des Kontinents von Lemuria gelernt haben, und euch dabei zu assistieren, die Art Paradies zu schaffen, die wir auch für uns in Telos geschaffen haben. Wir haben für euch den Weg geebnet, und wenn wir diese höhere Ebene spiritueller Weisheit und spirituellen Verstehens mit euch teilen, wird es für euch viel leichter sein, in unsere Fußstapfen zu treten. Wir werden den Weg Seite an Seite mit euch gehen.

Es ist für uns besonders herzerwärmend, unsere Information in mehreren Sprachen veröffentlicht zu sehen, weil wir uns darüber bewusst sind, dass auf diese Weise viel mehr Menschen auf diesem Planeten erreicht werden. Viele Seelen in anderen Ländern sind bereit und sehnen sich danach, sich mit uns wieder zu verbinden und mit diesem Aspekt von sich selbst, der auf diesem Kontinent gelebt hat. Viele von euch, die von diesen Informationen angezogen werden, haben frühere Familienmitglieder, die in Telos oder im gegenwärtigen Lemuria leben. Diese Familienmitglieder und Freunde lieben euch sehr und sehnen sich danach, sich wieder mit euch zu verbinden. Viele unserer Leute in Telos, von denen frühere Familienmitglieder jetzt auf der Oberfläche leben, haben eure Sprache gelernt, um in der Lage zu sein, in der Zeit unseres Erscheinens unter euch leicht mit euch sprechen zu können.

Wir bitten euch, ihr Lieben, euch unsere Information zu Herzen zu nehmen und bewusste Anstrengungen zu unternehmen für die Erschaffung einer Brücke der Liebe und der Verständigung zwischen unseren beiden Zivilisationen. Durch diese Brücke der Liebe und Empfänglichkeit von euren Herzen zu unseren Herzen, werden wir greifbarer für euch. Wir erwarten eure Antwort. Ruft uns in euren Herzen und wir werden an eurer Seite sein und euch unser „Lied der Vereinigung und Einheit" leise vorsingen. Wir alle verfechten euren Sieg und wir sind immer verfügbar, euch beim Erreichen eurer Ziele und Herzenswünsche zu assistieren.

Ich bin Adama, euer lemurianischer Bruder.

Adama
Hohepriester von Telos

Teil 1

Unsere Verbindung mit Lemuria

Um zum vollständigen Bewusstsein
eines göttlichen Wesens zurückzukehren,
ist es unumgänglich,
dass du nun beginnst,
dem Herzen die Herrschaft zu übergeben,
und dem Herzen wieder zu gestatten,
die Führung zu übernehmen, statt dem Verstand.
Ahnahmar

1. Kapitel

Über Mount Shasta, Telos und Lemuria

„Der magische Berg" - von Aurelia

Mount Shasta ist ein höchst majestätischer Berg, der das nördliche Ende des Sierra Nevada Berglandes verankert. Er liegt in Siskiyou County in Nordkalifornien ungefähr 52 km von der Grenze nach Oregon entfernt. Mount Shasta ist der Kegel eines erloschenen Vulkans, der zu einer Höhe von über 4.316m über dem Meeresspiegel aufragt und einer der höchsten Vulkangipfel auf dem Festland der Vereinigten Staaten ist. Die Aufgestiegenen Meister haben offenbart, dass Mount Shasta auch als eine Verkörperung der Großen Zentralsonne betrachtet werden kann.

Mount Shasta ist ein ganz besonderer Ort, um es gelinde auszudrücken; er stellt viel mehr dar als nur einen einfachen Berg. Mount Shasta ist einer der heiligsten Orte auf diesem Planeten. Mount Shasta ist eine mystische Kraftquelle für diesen Planeten.

Er ist ein Fokus für Engel, Geistführer, Raumschiffe und Meister aus den Lichtreichen. Er ist das Zuhause der Überlebenden des antiken Lemuria.

Für diejenigen, die mit hellsichtigen Fähigkeiten ausgestattet sind, ist Mount Shasta von einer gigantischen, ätherischen, purpurfarbenen Pyramide umgeben, deren Spitze bis weit über den Planeten hinaus in den Raum reicht und uns intergalaktisch mit der Konföderation der Planeten in diesem Sektor der Milchstraßen-Galaxie verbindet. Diese ehrfurchtgebietende Pyramide beinhaltet auch eine umgekehrte Version von sich selbst und reicht hinab bis in den innersten Kern der Erde. Mount Shasta stellt den Eintrittspunkt der planetarischen Lichtgitternetze dar. Mount Shasta ist der Ort, an dem die meiste Energie aus dem galaktischen und universellen Kern zuerst ankommt, bevor sie auf andere Berge und in die Netzwerke verbreitet wird. Die meisten Berggipfel, besonders die hoher Berge, sind Leuchtfeuer, welche die Lichtgitternetze dieses Planeten speisen.

Seltsame Lichter und Klänge können oft auf dem Berg gesehen oder gehört werden. Linsenförmige Wolken, Schatten und außergewöhnliche Sonnenuntergänge unterstreichen zusätzlich die mystische Aura des Berges, und es gibt dort viele Öffnungen und Portale zu den 5-dimensionalen Städten, die noch aus der Zeit von Lemuria existieren. Mount Shasta ist der Wohnsitz der gegenwärtigen Lemurianer, der Überlebenden vom Untergang des Kontinentes Lemuria vor über 12.000 Jahren. Ja, unsere lemurianischen Brüder und Schwestern sind real; sie sind wohlauf und physisch am Leben, in einer Existenz in der 5. Dimension, für unsere Augen noch nicht sichtbar. Die Schwingung an der Oberfläche befindet sich derzeit in einem Übergang von der 3. Dimension zu einer Realität der 4./5. Dimension. Die anderen Dimensionen existieren um uns herum, aber die meisten auf der Oberfläche lebenden Leute besitzen noch kein Bewusstsein, das weit genug entwickelt ist, um diese Dimensionen wahrnehmen zu können.

Vor dem Sinken ihres Kontinentes - des letztendlichen Schicksals ihres geliebten Kontinentes vollkommen bewusst - nutzten die alten Lemurianer ihre Meisterschaft der Energie, der Kristalle, des Klangs und der Schwingung, um eine umfangreiche unterirdische Stadt auszuhöhlen, mit der Absicht, ihre Kultur zu bewahren, ihre Schätze und ihre geschichtlichen Aufzeichnungen der altertümlichen Erde, der Geschichte, die für die Menschheit seit dem Sinken von Atlantis verloren war. Lemuria war einmal ein ausgedehnter Kontinent, größer als Nordamerika, verbunden mit Teilen der Staaten von Kalifornien, Oregon, Nevada und Washington.

Dieser große Kontinent verschwand über Nacht in einer weitläufigen Katastrophe vor über 12.000 Jahren im Pazifik. Alle Bewohner der Erde zu dieser Zeit betrachteten Lemuria als ihr Mutterland und es gab viel Wehklagen auf der Erde, als es verloren ging. Ungefähr 25.000 Lemurianer waren zu dieser Zeit in der Lage, vor dem Sinken ihres Mutterlandes die wichtigsten ihrer verschiedenen Verwaltungszentren in das Innere von Mount Shasta zu verlagern. Und, ihr Lieben, die ihr dies hier liest, seid gewiss in euren Herzen, dass eure früheren Brüder und

Schwestern euch nie verlassen haben. Sie sind immer noch hier, in berührbaren, physischen, unsterblichen Körpern, vollkommen unbegrenzt und sie leben ihr Leben in einer 5-dimensionalen Realität.

Die Indianer glauben, dass Mount Shasta ein Ort von solch immenser Großartigkeit ist, dass seine Existenz nur mit der Schöpfung eines sehr „Großen Geistes" gleichgesetzt werden kann. Sie glauben auch, dass eine unsichtbare Rasse von „kleinen Leuten" von ungefähr 120 cm Größe als Hüter an seinen Hängen lebt. Diese wundersamen kleinen Leute, die auch oft als „das kleine Volk von Mount Shasta" bezeichnet werden, sind auch auf gewisse Art physisch, aber in einer Schwingung, die für uns normalerweise unsichtbar ist. Ein paar von ihnen werden gelegentlich in dieser Dimension in der Umgebung des Berges gesehen.

Der Grund, warum sie sich selbst vielen Menschen gegenüber nicht physisch zeigen, ist, dass sie eine kollektive Furcht vor Menschen haben. Zu der Zeit, als sie noch physisch und sichtbar wie wir waren und sie sich selbst noch nicht willentlich unsichtbar machen konnten, verleumdeten die damals lebenden Menschen sie böswillig. Sie bekamen so Angst vor den Menschen, dass sie die Spirituelle Hierarchie dieses Planeten im Kollektiv um das Zugeständnis baten, in ihrer Frequenz angehoben zu werden. Nun können sie sich selbst willentlich unsichtbar machen und sind in der Lage, ihre Evolution unbelästigt und in Frieden fortzusetzen.

Es gibt auch Berichte darüber, dass Leute der Bigfoot-Rasse und viele andere mysteriöse Wesen in einigen Gegenden von Mount Shasta gesichtet worden sein sollen. Die Bigfoot-Leute sind weltweit und um Mount Shasta zahlenmäßig nur noch sehr gering vertreten. Sie sind von durchschnittlicher Intelligenz und besitzen ein friedvolles Herz. Auch sie haben das Zugeständnis erhalten, sich selbst willentlich unsichtbar zu machen. Auf diese Weise sind sie in der Lage, Konfrontationen mit uns zu vermeiden und können - wie die kleinen Leute auch - davor sicher sein, physisch verletzt, im Namen der Wissenschaft verstümmelt und als Sklavenrasse benutzt zu werden.

Wir haben als Spezies noch nicht wirklich verstanden, dass wir hier auf diesem Planeten als Gäste eingeladen sind. Wir sind die Gäste unserer gnädigen Mutter Erde, die freiwillig eine Evolutions-Plattform für die vielen hier ansässigen Königreiche bereitgestellt hat. Die Menschen sind nur eins dieser Königreiche. Es war zu Anfang immer beabsichtigt und beschlossen, dass alle Königreiche geehrt werden würden und die Erlaubnis hätten, diesen Planeten gleichberechtigt zu teilen. Und so war es eine lange Zeit am Anfang. Aber über hunderttausende von Jahren haben die Menschen die Macht übernommen. Sie denken arroganterweise, sie seien eine überlegene Rasse und sie hätten das Recht, andere Königreiche zu kontrollieren und zu dominieren, die ihnen verwundbarer erscheinen, als sie selbst.

Viele der Spezies im Königreich der Tiere sind auch unsichtbar geworden. Sie sind noch hier, aber in einer etwas höheren Frequenz und daher unsichtbar für uns. Was glaubt ihr, wohin all die vermutlich ausgestorbenen Spezies hingegangen sind? Viele von ihnen sind „ausgestorben“, weil sie eine kollektive Wahl getroffen haben, nicht mehr mit uns in Beziehung zu treten. Die Arten des Königreichs der Tiere, die noch physisch bei uns sind, werden von den Menschen nicht immer geliebt und geehrt. Geht in euer Herz und entdeckt, wie die meisten Tiere von einer scheinbar „überlegenen Rasse“ behandelt, benutzt und missbraucht werden.

Heutzutage haben sich mehrere spirituelle Gruppen um Mount Shasta herum angesiedelt. Viele Wahrheitssucher, die den „Ruf des Berges“ in ihren Herzen gefühlt und gehört haben, sind in diese Gegend gezogen und fühlen, dass sie endlich „nach Hause gekommen“ sind. Die trübe Erinnerung an ihre weit zurückliegende lemurianische Verwandtschaft ruft sie zurück an einen früheren Ursprungspunkt.

An klaren Tagen gleicht Mount Shasta einem weißen Juwel und kann von mindestens 160 km Entfernung aus gesehen werden. Die Menschen, die in seiner Nähe leben, haben bemerkenswerte Geschichten über den 4.316m hohen Berg zu erzählen. Die bemerkenswertesten Geschichten sind die Legenden über die mysteriösen Leute, die im Inneren des Berges leben, wenn auch in einer 5-dimensionalen Frequenz. Sie sollen die Nachkommen einer antiken Gesellschaft des Kontinentes Lemuria sein, tief innen im Berg in runden Häusern leben und sich an vollkommener Gesundheit, Wohlstand und wahrer Brüderlichkeit erfreuen. Sie haben ihre antike Kultur beibehalten.

Die Lemurianer, die im Untergrund des Berges leben, werden im Allgemeinen als gnadenvolle und große Wesen beschrieben, 210 cm und größer, mit langem, wallendem Haar. Sie kleiden sich in weiße Roben und Sandalen, wurden aber auch schon in farbenprächtiger Kleidung gesehen. Sie sollen lange, schlanke Hälse und Körper haben, die sie gerne mit wunderschönen, dekorativen Ketten aus Perlen oder Steinen schmücken. Sie haben ihren sechsten Sinn entwickelt, was sie befähigt, untereinander durch besonders feine Wahrnehmung zu kommunizieren. Sie können sich auch teleportieren und sich willentlich unsichtbar machen. Ihre Muttersprache ist die lemurianische Sprache – genannt „Solara Maru" -, aber sie sprechen auch ein makelloses Englisch mit einem leichten britischen Akzent. Sie haben sich entschieden, Englisch als zweite Fremdsprache zu lernen, weil sie in Amerika situiert sind.

Dr. M. Doreal behauptete vor Jahren, dass er die Lemurianer in ihrem Berg besucht habe. Er sagte, der Raum, in den er kam, sei ungefähr 1,6 km hoch gewesen, ca. 32 km lang und 24 km breit gewesen. Er schrieb, dass das Licht innerhalb des Berges so hell wie ein Sommertag sei, weil es von einer, fast im Zentrum dieses großen Höhlenraums aufgehängten gigantischen, gleißenden Lichtquelle gespendet wird. Ein anderer Mann berichtete, dass er auf Mount Shasta eingeschlafen sei und von einem Lemurianer aufgeweckt wurde, der ihn in den Berg zu seiner Höhle führte, die mit Gold ausgelegt war. Der Lemurianer erzählte dem Mann, dass es eine Reihe von Tunneln – Überbleibsel von unterirdischen Vulkanen – gäbe, die wie große Straßen seien, eine Welt innerhalb einer Welt.

Die Lemurianer hatten, wie es hieß, nach Jahren die Atomenergie gemeistert, ebenso telepathische und hellsichtige Fertigkeiten, Elektronik und Wissenschaft, und das schon vor über 18.000 Jahren. Sie haben Technologie, die uns Oberflächenbewohner wie Kleinkinder aussehen lässt, die gerade eben laufen lernen. Sie kontrollieren den Großteil ihrer Technologie mit ihrem Geist. Schon damals wussten sie, wie man Boote mit Energie antreibt, die von Kristallen ausgestrahlt wird. Sie hatten Luftschiffe und flogen mit ihnen nach Atlantis oder an andere Orte. Heute haben sie eine ganze Flotte von Raumschiffen, genannt die „Silver Fleet" (Silberflotte), mit denen sie in den Berg hinein und wieder heraus in den Raum fliegen. Sie haben auch die Fähigkeit, ihre Raumschiffe unsichtbar und lautlos zu machen, um vom örtlichen und nationalen Militär nicht entdeckt zu werden. Obwohl sie der Natur nach physisch sind, sind sie in der Lage, ihre Energiefelder von der 3. in die 4. und 5. Dimension anzuheben und innerhalb von Sekunden unsichtbar zu werden.

Viele Leute berichten, auf dem Berg seltsame Lichter zu sehen. Unsere Erklärung ist, dass ständig Raumschiffe da sind, die einen Raumflughafen tief im Berg anfliegen oder von ihm abfliegen. Mount Shasta ist nicht nur das Zuhause für die Lemurianer, sondern auch ein interplanetares und intergalaktisches multidimensionales Portal. Es gibt eine ausgedehnte ätherische Lichtstadt über Mount Shasta, genannt die „Kristall-Stadt der Sieben Strahlen". An einem gewissen Punkt in unserer nahen Zukunft, hoffentlich innerhalb der nächsten zwölf bis zwanzig Jahre, wird diese wundervolle Lichtstadt ihrer Bestimmung nach in unsere physischen Reiche abgesenkt werden und sie wird die erste Lichtstadt werden, die sich greifbar auf der Oberfläche dieses Planeten manifestieren wird. Damit dies geschehen kann, werden die Leute, die hier leben, diese Schwingung in ihr Bewusstsein integrieren müssen.

Ihr könnt Mount Shasta leicht besuchen ohne etwas über die Lemurianer zu lesen oder von ihnen zu hören, aber wenn ihr frühere Verbindungen zu ihnen habt, mögt ihr mit einigen Offenbarungen gesegnet werden. Mount Shasta zieht Besucher aus der ganzen Welt an, manche suchen spirituelle Einsicht, andere suchen die Glorie in der Schönheit und den Naturwundern, die „Mutter Natur" hier in einzigartiger alpiner Schönheit anzubieten hat.

Jedermann liebt ein Mysterium, besonders ein Mysterium über Mount Shasta. Über diesen nordkalifornischen Giganten kursieren viele faszinierende Mythen und Legenden, und der Solitär-Berg schlummert weiter, seine Geheimnisse noch behütend. Aber wie so oft, taucht dann noch eine mysteriöse Geschichte auf, neue Charakterzüge kommen zum Vorschein und die Aufmerksamkeit konzentriert sich ein weiteres Mal auf den mystischen Berg. So ist es seit Jahren gewesen und es wird wahrscheinlich immer so sein.

Mount Shasta hat die Tendenz, sich nur denen zu offenbaren, die das Leben ehren, die sich selbst dafür ehren, wer sie wirklich sind, die die Erde ehren und die alle anderen Königreiche dieses Planeten ehren.

Lemuria existiert noch bis zum heutigen Tag

in einer 5-dimensionalen Schwingung,

noch nicht für euer 3-dimensionales

Sehen wahrnehmbar.

Adama

2. Kapitel

Lemuria - Ursprung und Geschichte

Adama

Zu Anbeginn, vor Millionen von Jahren, wurde dieser Planet mit sieben Hauptkontinenten erschaffen. Fast von Anfang an kamen viele Kolonien außerirdischer Zivilisationen her, um hier zu leben. Manche blieben für kurze Perioden, während andere viel länger geblieben sind. Die Einzelheiten dieser vergangenen Ära der Erdgeschichte sind in der Bibliothek von Porthologos in der Inneren Erde aufgezeichnet und auch in unserer eigenen Bibliothek in Telos. Auf der Oberfläche existiert heute nur noch sehr wenig, wenn überhaupt etwas, von den wahren Tatsachen der langen Geschichte dieses Planeten. Denn die meisten dieser Zivilisationen waren nicht so physisch, wie ihr euch selbst heute empfindet, und die Aufzeichnungen wurden nicht so aufbewahrt, wie ihr es heute tut. Auch wurden fast alle Aufzeichnungen, welche die Kataklysmen auf der Oberfläche überstanden, letztendlich auf die eine oder andere Art und Weise doch zerstört.Ungefähr 4.500.000 Jahre v.Chr. eskortierte Erzengel Michael mit seiner Gruppe von Engeln der blauen Flamme und vielen anderen Wesenheiten aus den Lichtreichen mit dem Segen des Vater/Mutter-Gottes die ersten Seelen zu diesem Planeten, die dazu bestimmt waren, die Saat der lemurianischen Rasse zu werden. Dies fand in der Zurückgezogenheit der Gegend von Royal Teton statt, einem Ort, der heute als der Grand Teton National Park bekannt ist, nahe Jackson, Wyoming. Diese neuen Seelen, die auf diesem Planeten inkarnierten, kamen ursprünglich aus dem Land MU im Dahl Universum. Zu jener Zeit befand sich die Erde überall in vollkommenem Ausdruck von Perfektion, Fülle und Schönheit, wie ihr es euch heute kaum vorstellen könntet. Sie war wirklich das prachtvollste Paradies dieses Universums und der gesamten Schöpfung. Diese Perfektion wurde über mehrere Millionen von Jahren aufrechterhalten, bis zum Beginn des Abfallens des Bewusstseins, was während dem Vierten Goldenen Zeitalter stattfand.

Letztendlich kamen andere Rassen von Sirius, Alpha Centauri, den Plejaden und von einigen anderen Planeten und gesellten sich zu diesen „Saat"-Seelen, um sich auch hier weiterzuentwickeln. Alle diese Rassen vermischten sich, sie alle formten die lemurianische Zivilisation. Gelinde ausgedrückt, war es eine ziemlich ehrfurchtgebietende Mischung! Lemuria, das „Mutterland", wurde die Wiege einer erleuchteten Zivilisation auf diesem Planeten und leistete auch bei der letztendlichen Geburt vieler anderer Zivilisationen seinen Beitrag. Die Ära Atlantis wurde zu einer späteren Zeit geboren.

Zuerst mussten sich diese wundersamen Seelen, die aus Mu für das „große Abenteuer" hierher kamen, anpassen und an viele neue Erfahrungen akklimatisieren. Mit der Assistenz und Führung der Engel wurden sie innerhalb des Royal Teton Gebietes darin unterwiesen, wie es hier zu leben gilt, und allmählich wagten sie sich hervor und begannen, kleine Gemeinschaften zu bilden. Als sie sich angepasst hatten und Vertrauen gewonnen hatten, wagten sie sich weiter und weiter von der Gegend weg. Später kolonialisierten sie den ganzen Kontinent von Lemuria, der riesig und weit bis dahin ausgedehnt war, was ihr heute als den Pazifischen Ozean kennt und sie gingen noch weiter darüber hinaus.

Vor dem Fall waren die Lemurianer nicht völlig im physischen Ausdruck, so wie ihr ihn heute kennt. Die Erde existierte zu dieser Zeit in einem Ausdruck der 5. Dimension und die Lemurianer lebten hauptsächlich in ihren 5-dimensional schwingenden Lichtkörpern, welche die Fähigkeit besaßen, ihre Schwingung abzusenken, um in ihren Körpern dichtere Ebenen der Vibration erfahren zu können, wann immer sie dies wünschten und willentlich in ihre Lichtkörper zurückzukehren. Natürlich war dies vor sehr langer Zeit, vor dem Ereignis, das ihr als „Den Fall" bezeichnet und das die stetige Absenkung der Bewusstseinsschwingung dieser wundersamen Rasse brachte und ebenso allen anderen, die auf diesem Planeten lebten. Unsere Leute fielen – wie viele andere Zivilisationen – auf die Ebene der 4. Dimension ab, und später gingen sie dann den ganzen Weg in die Dichte der 3. Dimension. Der Abfall des Bewusstseins fand über eine Periode von mehreren tausend Jahren hinweg statt.

Das Öffnen für das Herz von Lemuria

Aurelia

Ein Teil der Geschichte über Lemurias tragisches Ende

Diese Information stammt aus den Lehren von Sharula Dux aus Telos, die gegenwärtig auf der „Oberfläche“ in New Mexico lebt sowie aus verschiedenen Übermittlungen Aufgestiegener Meister während der „Brücke zur Freiheit“ - Durchgaben in den Jahren um 1950 wie auch aus anderen Channelings von Adama. Das lemurianische Zeitalter erstreckte sich schätzungsweise von 4.500.000 v.Chr. bis 12.000 v.Chr. Bis zum Sinken des Kontinentes von Lemuria und später von Atlantis gab es sieben Hauptkontinente auf diesem Planeten. Die Länder, die zu dem gigantischen Kontinent von Lemuria gehörten, umfassten Landmassen, die nun unter dem Pazifischen Ozean liegen, so wie Hawaii, die Osterinseln, die Fidji-Inseln, Australien und Neuseeland. Der Kontinent umfasste auch Land im Indischen Ozean und Madagaskar. Die Ostküste von Lemuria erstreckte sich bis nach Kalifornien und bis zu einem Teil von Britisch-Kolumbien in Kanada.

Als Resultat von Kriegen fand in Lemuria und Atlantis große Verwüstung statt. Vor 25.000 Jahren lagen Atlantis und Lemuria miteinander in Auseinandersetzungen über „Ideologien“. Sie hatten zwei sehr unterschiedliche Auffassungen darüber, wie die Richtung anderer Zivilisationen auf diesem Planeten weitergehen sollte. Die Lemurianer glaubten, dass die anderen weniger entwickelten Kulturen in Ruhe gelassen werden sollten, um ihre eigene Evolution in ihrer eigenen Schrittgeschwindigkeit zu machen und gemäß ihrem eigenen Verständnis und Weg.

Die Atlanter glaubten, dass alle weniger entwickelten Kulturen von den zwei weiterentwickelten Zivilisationen kontrolliert werden sollten. Diese Spaltung verursachte eine Serie von thermonuklearen Kriegen zwischen Atlantis und Lemuria. Als die Kriege vorüber waren und der Staub sich gelegt hatte, gab es keine Gewinner.

Während dieser verheerenden Kriege sanken hochzivilisierte Leute auf ziemlich niedrige Ebenen des Benehmens ab, bis sie letztendlich die Nutzlosigkeit solcher Aktionen realisierten. Letztendlich wurden Atlantis und Lemuria die Opfer ihrer eigenen Aggression und die Heimatländer beider Kontinente wurden durch diese Kriege sehr geschwächt. Durch die Priesterschaft wurden die Menschen dann informiert, dass innerhalb einer Zeit von weniger als 15.000 Jahren ihre Kontinente zerstört werden würden. In jenen Tagen hatten die Menschen im Durchschnitt eine Lebenserwartung von 20.000 bis 30.000 Jahren und so verstanden viele von denen, welche die Verheerung angerichtet hatten, dass sie noch am Leben sein würden, um die Zerstörung zu erfahren.

In der Zeit Lemurias war Kalifornien ein Teil des lemurianischen Landes. Als die Lemurianer begriffen, dass ihrem Land bestimmt war, unterzugehen, reichten sie eine Petition an das „kleinere

Shamballa“ ein, das zu dieser Zeit dem Agartha-Netzwerk vorstand, um die Erlaubnis zu erhalten, eine Stadt nahe Mount Shasta zu bauen, mit der Absicht, ihre Kultur und ihre Aufzeichnungen zu bewahren. Das kleinere Shamballa wird von der Zivilisation von Hyperborea bewohnt, welche die Oberfläche dieses Planeten vor gut 40.000 Jahren verließ. Die Hyperboreaner waren zu der besagten Zeit damit betraut, die Entscheidungen für das Agartha-Netzwerk zu treffen, das jetzt aus über 120 unterirdischen Lichtstädten besteht, die größtenteils von den Hyperboreanern bewohnt werden. Vier dieser Städte dieses Netzwerkes sind von Lemurianern bewohnt und ein paar von ihnen von Atlantern.

Um die Erlaubnis zu erhalten, eine Stadt zu bauen und ein Teil des unterirdischen Agartha-Netzwerkes zu werden, mussten die Lemurianer vielen Gremien – wie zum Beispiel der Galaktischen Konföderation der Planeten – beweisen, dass sie ihre Lektionen aus den Jahren der Kriege und Aggression gelernt hatten. Sie mussten auch beweisen, dass sie ihre Lektionen des Friedens verinnerlicht hatten, um wieder als Mitglieder in die Konföderation aufgenommen zu werden. Als die Erlaubnis für den Bau der Stadt erteilt wurde, war das Verständnis darüber gegeben, dass diese Gegend die vorhergesagten Kataklysmen überleben würde. Es gab schon eine sehr große Kuppelhöhle innerhalb von Mount Shasta. Die Lemurianer konstruierten ihre Stadt und nannten sie Telos, was auch zu jener Zeit der Name für diese ganze Gegend war, die ganz Kalifornien beinhaltete sowie einen beträchtlichen Teil des Südwestens der USA. Telos beinhaltete auch Land nördlich von Mount Shasta entlang der

Westküste und darüber noch einen Teil von Britisch-Kolumbien. Telos bedeutet „Kommunikation mit Spirit, Einheit mit Spirit und Verständnis von Spirit".

Als Telos konstruiert wurde, war es dazu ausgelegt, schätzungsweise 200.000 Leute zu beherbergen. Als der Kontinent zerstört wurde, geschah dies etwas eher, als angenommen und viele Menschen schafften es nicht mehr rechtzeitig in die Stadt Telos zu kommen. Als die Kataklysmen stattfanden, gelang es nur 25.000 Leuten, in den Berg hinein zu kommen und gerettet zu werden. Diese Anzahl Menschen ist alles, was von der lemurianischen Kultur zu dieser Zeit übrig blieb. Die Aufzeichnungen waren allerdings schon von Lemuria nach Telos gebracht worden und mehrere Tempel waren gebaut worden.

Es ist bekannt, dass das geliebte Mutterland über Nacht unterging. Der Kontinent sank so still, dass die meisten Leute vollkommen unbewusst darüber waren, was geschah. Praktisch alle schliefen während des Vorkommnisses. Es gab keine ungewöhnlichen Wetterbedingungen, die sich in dieser Nacht manifestiert hätten. In einer Übermittlung von „Lord Himalaja" um 1959 durch Geraldine Innocenti *(El Moryas Zwillingsflamme)* erklärte er, dass ein großer Anteil der Priesterschaft, die dem Licht und ihrer heiligen Berufung treu geblieben waren, wie Kapitäne auf einem sinkenden Schiff auf ihren Posten blieben. Furchtlos bis zum Ende sangen und beteten sie, während sie in den Wellen versanken.

Einer anderen Übermittlung von Lord Maha Chohan vom März 1957 durch Geraldine Innocenti nach *(während der „Brücke-zur-Freiheit" Dispensation)* wurde Folgendes angegeben: „Bevor der lemurianische Kontinent sank, wurden die Priester und Priesterinnen vor den kommenden kataklysmischen Veränderungen gewarnt und eine Vielzahl von Heiligen Feuern wurden nach Telos transportiert. Weitere wurden in andere Länder überbracht, die nicht betroffen sein würden. Viele dieser Flammen wurden auf den Kontinent von Atlantis gebracht, an eine spezielle Örtlichkeit, und sie wurden dort für eine ziemlich lange Zeitperiode durch tägliche spirituelle Anwendungen erhalten. Gerade kurz, bevor Lemuria sank, waren manche dieser Priester und Priesterinnen zu ihren Heimstätten auf dem Kontinenten zurückgekehrt und entschieden sich freiwillig, mit dem Land und seinen Menschen unterzugehen, ihnen mit ihrer Ausstrahlung beizustehen und Beistand und Furchtlosigkeit zu leisten."

„Sie boten diese Hilfe an, um der Angst entgegen zu wirken, die immer mit kataklysmischen Auswirkungen verbunden ist. Diese liebenden Wohltäter umgaben durch die Ausstrahlung ihres heiligen Opfers buchstäblich die Auren der Menschen mit einer Hülle des Friedens und trugen dazu bei, Furchtlosigkeit zu erzeugen, so dass die Ätherkörper jener Lebensströme nicht so ernsthaft vernarbt werden würden; was diesen Menschen in zukünftigen Verkörperungen das Erfahren größerer tragischer Konsequenzen ersparen würde."

1959 sagte Lord Himalaja in der „Brücke-zur-Freiheit“: „Viele Mitglieder der Priesterschaft platzierten sich selbst in kleinen Gruppen strategisch in verschiedensten Gegenden und sie beteten und sangen, während sie im Wasser versanken." Die Melodie, die sie sangen war die selbe, die heute als *„Auld Lang Syne“* bekannt ist. Die Idee hinter dieser Aktion begründete auf der Tatsache, dass jede Erfahrung des Horrors eine sehr tiefe Narbe und Trauma im Ätherkörper und im Zellulargedächtnis hinterlässt, die mehrere Verkörperungen zur Heilung benötigt.

„Durch diese Aktion und das heilige Opfer jener aus der Priesterschaft, die wählten in Gruppen zusammenzubleiben und bis zum bitteren Ende zu singen, wurde viel Furcht aufgelöst und ein gewisser Grad an Harmonie aufrechterhalten. Auf diese Weise wurden der Schaden und das Trauma für die umgekommenen Seelen in großem Ausmaß gemindert. Es wurde berichtet, das die Priester zusammen mit den Musikern sangen und beteten, bis ihnen das Wasser über den Mund stieg und dass sie dann auch umkamen. Während einer Nacht unter einem blauen Sternenhimmel war alles vorüber, das geliebte Mutterland war unter den Wellen des Pazifischen Ozeans begraben. Und keiner aus der Priesterschaft hatte seinen Posten verlassen und keiner hatte Furcht gezeigt. Lemuria ging mit Würde unter."

„Auld Lang Syne“ war das letzte Lied,
das je im Land Lemuria gehört wurde.

Heute Abend werde ich euch bitten, dieses Lied als Teil unserer Präsentation wieder zu singen. Die Leute der Erde haben dieses

Lied durch die Irischen Menschen wieder hervor gebracht und sehr prophetische Worte wurden ihm hinzugefügt, wie: "Sollten die alten Bekanntschaften in Vergessenheit geraten?" Was glaubt ihr, was wir heute Abend zusammen tun werden? Wir sind in der Tat diese alten Bekanntschaften, die sich wieder vereinigen. Wir aus dem 3-dimensionalen Reich vereinigen uns jetzt wieder bewusst mit unseren früheren Freunden und Familienmitgliedern von Lemuria, „noch unsichtbar" für unser gegenwärtiges Sehen, doch hoffentlich nicht mehr allzu lange. Hört diese nächste Feststellung gut mit euren Herzen, ihr Lieben:

***Bevor Lemuria vollständig unterging wurde prophezeit,
dass sich eines Tages in einer sehr weit entfernten Zukunft
viele von uns wieder in Gruppen zusammenfinden werden,
um dieses Lied wieder zu singen, in dem absoluten Wissen,
dass der „Sieg der Erde" stattgefunden hat.***

Der heutige Tag bringt die Feier dieses lang erwarteten Tages und die Erfüllung dieser unglaublichen Prophezeiung. Heute initiieren wir den Anfang der lange erwarteten Wiedervereinigung. Mir treten fast die Tränen in die Augen, wenn ich euch jetzt von Adama wissen lasse, dass viele von euch in diesem Raum heute Abend unter den tapferen Seelen waren, die ihr Leben zum Wohle des Kollektivs als heiliges Opfer gegeben haben. Lasst uns dann eurer Tapferkeit applaudieren und uns über unsere Rückkehr gemeinsam freuen, um unsere lemurianische Mission des Beistands für die Menschheit und den Planeten in seinem glorreichen Aufstieg fortzusetzen.

In Telos war ein Aspekt ihrer Mission, die Balance und die Energien des Aufstiegsbewusstseins für den Planeten so lange zu halten, bis die Oberflächenbewohner dies für sich selbst tun können. Nun ist die Zeit für unsere beiden Zivilisationen gekommen, dies zusammen aus „einem Herzen heraus" zu tun.

Die Erde nach dem Sinken der beiden Kontinente

In der gleichen Zeitperiode, in der Lemuria unterging, begann Atlantis zu beben und Teile seines Landes zu verlieren. Dies ging über 200 Jahre lang so weiter bis zum Endstadium, als der Rest des Kontinentes komplett versank. In den auf die Katastrophen von Atlantis und Lemuria folgenden 2.000 Jahren bebte der Planet weiterhin. Innerhalb von 1.200 Jahren hatte die Erde zwei ihrer größten Landmassen verloren, was für den Planeten so einen massiven Rückschlag und ein solch großes Trauma bedeutete, dass er mehrere tausend Jahre brauchte, um sich wieder auszubalancieren und um wieder fähig zu sein, Leben zu beherbergen. Hunderte von Jahren nach der Zerstörung der beiden Kontinente war so viel Staub und Schutt in die Atmosphäre geworfen worden, dass die Erde kein helles Tageslicht mehr sah. Die Atmosphäre wurde sehr kalt, weil das Sonnenlicht nicht in der Lage war, durch die toxische Atmosphäre und den Staub zu dringen und es konnte nur sehr wenig Nahrung wachsen. Ein großer Prozentsatz der Tiere und Pflanzen gingen ein.

Warum gibt es so wenig Beweise für den Verbleib dieser zwei großen Zivilisationen?

Der Grund ist, dass die Städte auf dem Planeten, die nicht sanken, durch die Erschütterung zu Schutt zerrieben wurden, von Erdbeben oder riesigen Flutwellen, die oft bis zu 1000 Meilen ins Inland kamen, zerstört wurden und denen die meisten Städte entlang des Weges mitsamt ihrer Bewohner zum Opfer fielen. Die humanen Bedingungen in den Zivilisationen, welche die Kataklysmen überlebten, wurden durch die konstante Erdaktivität so harsch und schwierig und die Menschen wurden so verängstigt, dass die Lebensqualität jener Zivilisationen sehr schnell verfiel. Für jene, die all diese Missstände überlebt hatten, waren Hunger, Armut und Krankheit an der Tagesordnung.

Die Originalgröße der Menschen auf diesem Planeten war schätzungsweise 3,6 Meter. Die Hyperboreaner waren und sind immer noch 3,6 Meter groß und keiner von ihnen lebt derzeit an der Oberfläche. Zu der Zeit, als Lemuria sank, war die Größe der Lemurianer bereits auf 2,10 Meter reduziert und sie sind bis zum heutigen Tage noch 2,10 bis 2,40 Meter groß. Und auf diesem Planeten hat es eine weitere Verminderung der Größe gegeben, denn die meisten von uns auf der Oberfläche sind ca. 1,80 Meter groß oder kleiner. Wenn sich unsere Zivilisation weiterentwickelt, wird sich das wieder ändern. Sogar jetzt schon werden die Leute auf der Oberfläche dieses Planeten viel größer, als sie es noch vor 100 Jahren waren.

Wenn ihr möchtet oder es annehmen könnt, werden Adama und all diejenigen von Telos, die in ihren Lichtkörpern anwesend sind, uns heute Abend die Gelegenheit dazu geben, unsere eigenen persönlichen und planetaren Aufzeichnungen zu heilen. Dies wird ein großer Dienst für den Planeten und die Menschheit sein wie auch für jeden Einzelnen von euch.

Der Neue Tag, die Neue Welt ist gerade dabei, geboren zu werden. Wir haben unsere Lektionen der Liebe gelernt und das Neue Lemuria, das Paradies, wiedergefunden; es ist gerade dabei, sich wieder zu manifestieren. Telos, der Teil von Lemuria, der dem heiligen Ruf und dem Licht verbunden geblieben war, wurde zur Zeit der Kataklysmen in die 4. Dimension angehoben. Die Menschen dort entwickelten letztendlich ein 5-dimensionales Bewusstsein und existieren bis zum heutigen Tag vollständig in dieser höheren Dimension. Und Telos, unser geliebtes Telos, und all die unglaublichen Leute, die dort leben, sind unser Durchgang zu diesem wundervollen Ort.

Heilung des Herzens von Lemuria

Adama

Die Klärung der bedrückenden alten Vergangenheitsmuster von Lemuria zur Zeit der Morgendämmerung einer Neuen Ära auf der Erde

Meine Geliebten, liebste Brüder und Schwestern aus der Vergangenheit, liebe frühere Familienmitglieder!

Im Namen des Lemurianischen Rates von Telos, im Namen von Ra und Rana Mu, dem König und der Königin von Telos, und auch im Namen der ungefähr halben Million von uns, die hier heute Abend in ihren Lichtkörpern anwesend sind, grüßen wir euch mit großer Freude, Liebe und Achtung. So wie wir unsere Herzen für euch öffnen, bitten wir euch darum, auch eure Herzen für uns zu öffnen, um eine große Heilung zu erfahren.

Wir sind heute Abend hier, um gemeinsam eine sehr wichtige Klärung und Heilung für unseren Planeten und auch für alle von euch zu erschaffen. Lasst uns dies zunächst eine Klärung von alten schmerzvollen lemurianischen Erinnerungen nennen, die immer noch die Herzen und Seelen der meisten Menschen bedrücken. Und zweitens, lasst uns durch die Wiederverbindung unserer Herzen eine neue und direktere Verbindung unserer beiden

Zivilisationen erschaffen. Die Zeit unserer Trennung ist fast vorüber und wir verbinden uns nun wieder von Herz zu Herz und dies jeden Tag mit immer mehr von euch. Diese Öffnung, die wir damit gemeinsam schaffen, ihr Lieben, wird die Zeit, bis wir unter euch erscheinen, verkürzen.

Bald werden sich unsere beiden Zivilisationen wieder begegnen, von Angesicht zu Angesicht, mit großen Feierlichkeiten von Licht und Liebe. Wir werden zusammenarbeiten, Hand in Hand und Herz an Herz, um das wundervollste und magischste beständige Goldene Zeitalter der Erleuchtung, Weisheit, des Friedens und der Fülle aufzubauen, das ihr euch je vorstellen könnt. Wir werden euch assistieren, Gemeinschaften von Liebe und Licht zu erschaffen, wie sie es noch nie zuvor gegeben hat und das ohne Einwirkung von irgendwelchen negativen Kräften, die diesen Planeten so sehr lange durchdrungen haben.

Die lange dunkle Nacht, die auf diesem Planeten geherrscht hat, ist fast vorüber. Sehr bald wird das Licht heller scheinen als jemals zuvor, zu unser aller Freude. Ihr erlebt jetzt die letzten Stunden der Dunkelheit, während der Sonnenaufgang sich bereits andeutet. Auch wenn ihr auf der Oberfläche schon bald die Veränderungen erfahren werdet, die ihr schon so lange vorausgesehen habt, bitten wir euch, diese Veränderungen als die „Befreiung" eures Planeten wahrzunehmen. Diese Zeit ist jetzt da und es ist sehr wichtig, dass ihr in eurem glorreichen Selbst zentriert bleibt. Gestattet euch nicht, in die Angst zu gehen, ihr Lieben, und akzeptiert alle Änderungen und Verschiebungen, die sich zeigen werden, ganz gleich, was ihr um euch herum zu bezeugen habt und erfahrt. Nehmt alles in eurem Herzen als Gottes Willen an, der für euch eine Neue Welt erschafft.

Viel Hilfe wird für euch aus allen Richtungen da sein und auch wir bieten euch unsere Assistenz an. Bittet uns einfach aus euren Herzen heraus und wir werden da sein, um euch beizustehen.

Aurelia Louise hat euch einen Überblick über die Tragödie gegeben, die das Sinken unseres Kontinents vor 12.000 Jahren dargestellt hat. Die damit verbundene Absicht war, euch ein Bewusstsein über das schwere Erbe zu geben, das durch die verheerende Zerstörung erschaffen wurde. Wir möchten euch wissen lassen, dass viel von diesen schmerzhaften Erinnerungen der Menschheit und den Herzen und Seelen von Millionen noch bis zum heutigen Tage anhaftet. Die Geschichte der gebrochenen Herzen und der seelischen Traumata, die in jenen Tagen stattgefunden hat, ist unbeschreiblich. Jetzt ist es an der Zeit, dies alles zu heilen – angefangen bei euch selbst. Diese altertümlichen Erinnerungen verursachen bis heute eine Art spirituellen Nebel im Bewusstsein eines Großteils der Menschheit. Weil der Schmerz so unerträglich gewesen ist, haben viel zu viele von euch ihr Bewusstsein gegenüber den Erinnerungen an das höhere Wissen verschlossen.

Ich selbst, sowie alle von uns aus Telos, sehr gerne heute Abend einen großen Prozentsatz dieser bedrückenden Erinnerungen auflösen. Heute Abend sind genügend von uns und euch hier anwesend, um – wenn ihr einverstanden seid und eure Absicht ausrichtet – diese Heilung für euch und diesen Planeten zu erzeugen.

Würdet ihr dies gerne heute Abend mit uns tun?
(*„Ja" aus dem Publikum*).

Dann lasst uns jetzt für ein paar Augenblicke still sein und ich bitte euch, eure Absicht darauf zu setzen, dass eure eigenen Erinnerungen geklärt und geheilt werden. Geht tief in euer Herz. Heute Abend sind auch viele Meister bei uns und das Engelsreich, bereit, euch bei dieser großen Heilung beizustehen. Nachdem ihr um Heilung für euch selbst gebeten habt, bittet in der Stille eures Herzens und mit der Erlaubnis des Höheren Selbst um Klärung und Heilung für den Rest der Menschheit, für all jene, die zu dieser Zeit bereit dafür sind, Heilung ihrer eigenen Erinnerungen zu erfahren. Ich versichere euch, das sind viele.
(*Ein Moment der Stille*).

Dies, meine Freunde, wird den Ball ins Rollen bringen. Er wird so lange rollen, bis alle Erinnerungen geklärt sind. Das wird der Menschheit in hohem Maße dienen. Großer Dank an euch. Indem ihr an dieser gemeinsamen Erfahrung teilnehmt, leistet ihr dem Planeten einen großen Dienst und euch selbst genauso.

Wir haben die von euch gerade erzeugte Energie um den Planeten herum geleitet, um die Herzen von Vielen zu heilen. Jetzt, da ein großer Prozentsatz der Erinnerungen geklärt und geheilt worden ist, lasst uns die Tragödien und Sorgen der Vergangenheit hinter uns lassen und für die nächsten großen Ereignissen öffnen, die nun im Erschaffen und Segnen unseres Planeten liegen und in einer Weise geschehen, die ihr noch nicht verstehen könnt. Der Torweg, der uns von Herz zu Herz mit der Menschheit verbindet, ist nun auf direkte Weise geöffnet. Wir danken euch für diesen planetaren Dienst und für eure Anwesenheit hier heute Abend.

Seid versichert, dass nach einer kleinen Weile die dunkle Nacht komplett aufgehoben wird. Es wird keine Sorgen und keine Tränen mehr auf der Oberfläche dieses Planeten geben. Wenn es Tränen geben wird, dann werden es Tränen der Freude und der Ekstase sein. Gemeinsam werden wir ein höchst glorreiches Schicksal manifestieren – für alle, die dies wählen.

Wir sind eure älteren Brüder und Schwestern, die freiwillig die Aufgabe übernommen haben, euch den Weg zu zeigen und eure Vorbilder sind. Da wir bereits getan haben, was ihr mit unserer Hilfe erst noch vollenden müsst, wird es für euch alle viel leichter werden. Wir laden euch ein, unsere Hände zu ergreifen und unsere Hilfe anzunehmen. Wisset, wir haben die Fähigkeit, eure Reise durch dieses nächste große planetare Abenteuer wirklich angenehmer zu machen.

Wir haben das Neue Lemuria in der 5. Dimension erschaffen, ein Paradies der Wunder und des Zaubers. Alles, wovon ihr jemals geträumt habt, ist hier und noch viel mehr. Wenn die Zeit kommt, werden wir zusammen mit euch allen das Neue Lemuria auf die Oberflächen-Dimension des Planeten ausdehnen. Wir werden euch alles lehren, was wir wissen und alles, was wir in den letzten 12.000 Jahren unserer Isolation von der Oberflächenbevölkerung gelernt haben.

Ich bin Adama und zusammen mit meinen lemurianischen Freunden unterstütze ich euren Sieg.

Beginnt damit, euren Körper

als "magische Form" zu betrachten.

Seht ihn als die vielseitigste Maschine,

die je geschaffen wurde

und die alles tun kann, was ihr möchtet

- ohne Schmerz und Begrenzung.

Adama

3. Kapitel

Das Neue Lemuria

Ich grüße euch, meine Freunde, hier ist Adama!

Es existiert ein verbreiteter Glaube unter der Bevölkerung der Oberfläche, dass Lemuria seit mehr als 12.000 Jahren zerstört unter den Wellen des Pazifischen Ozeans liegt und dass es nicht länger existiert. Aus einer 3-dimensionalen Perspektive heraus betrachtet, ist dies durchaus richtig. Die thermonukleare Explosion, die den Großteil unseres Kontinenten mit fast 300 Millionen Menschen zerstörte, brachte eine so äußerst schmerzvolle Verwüstung der physischen Oberfläche dieses Planeten und seiner Bewohner mit sich, wie es sich möglicherweise niemand von euch vorstellen kann.

Sie fügte auch eurer Mutter Erde einen unglaublichen Schock zu. Am Ende war der Kontinent Mu, unser geliebtes Lemuria, von allen als „Mutterland" betrachtet und als Wiege der Zivilisationen für diesen Planeten, fast über Nacht verschwunden. Der Rest der Welt war vollkommen sprachlos und betrauerte den Verlust. Der Schmerz über den Verlust des Mutterlandes war so immens, dass sogar noch in eurer jetzigen Zeit die meisten Menschen auf diesem Planeten den Schmerz und das Trauma tief in ihrem Zellgedächtnis verankert mit sich herumtragen.

Die Seelen derjenigen, die zu dieser Zeit umkamen, waren in höchstem Maße verstört und es sind diejenigen, die immer noch die meisten Schmerzen und Traumata in jedem Bereich ihres Seins tragen. Viele von euch auf der Oberfläche, die damals bei der Explosion umgekommen sind, haben sich selbst der Erinnerung an ihre glorreiche lemurianische Vorfahrenschaft komplett verschlossen, weil für sie das Ende so tragisch und schmerzvoll gewesen ist. Eure Schmerzen und euer Kummer sind tief in eurem Unterbewusstsein begraben worden, auf die Zeit wartend, zu der sie wieder an die Oberfläche kommen können, um geheilt zu werden. Der Sinn der Übermittlung dieser Information ist der Beistand beim Prozess einer beginnenden stetigen Heilung dieser Erinnerungen, zuerst in euch selbst und dann auch für den Planeten – für alle, die diese Worte lesen werden. Dafür bieten wir unsere Assistenz mit großer Liebe und Mitgefühl an.

Lemuria existiert noch bis zum heutigen Tag in einer 5-dimensionalen Schwingung, noch nicht für euer 3-dimensionales Sehen wahrnehmbar.

Lasst uns zu allen, die diese Worte lesen sagen, dass Lemuria niemals vollständig zerstört wurde, so wie es in eurem derzeitigen Dasein wahrgenommen wird. Nachdem der Schleier zwischen den Dimensionen zunehmend dünner wird, möchten wir euch versichern, dass sich euch in nicht allzu ferner Zukunft euer geliebtes Lemuria in neuem Glanz und Gloria auf eine sehr physische und berührbare Art zeigen wird.

So wie ihr euch selbst einem höheren Bewusstsein in eurer Lebensweise öffnet und euch von allen verzerrten und irrigen Glaubenssystemen reinigt, die ihr im letzten Jahrtausend angenommen habt, werdet ihr in der Lage sein, euer geliebtes Mutterland wieder wahrzunehmen. Euch wird letztendlich gestattet werden, einzutreten und von ihm in aller Liebe und mit allem Glanz empfangen zu werden, den dieses Land anbieten kann. Wenn ihr bereit seid, werdet ihr eingeladen, euch wieder sehr bewusst mit uns an diesem paradiesischen Ort zu verbinden. Zum Zeitpunkt der Explosion wurde Lemuria, und das, was es für diesen Planeten repräsentiert, in eine 4-dimensionale Frequenz angehoben. Es entwickelte seinen Status von Perfektion beständig weiter und gedieh zu der Schönheit, die es jetzt erreicht hat, einschließlich derjenigen, die damals in der Lage waren, mitzukommen als Lemuria versank.

Wenn diese Information euch nun Tränen in die Augen treten lässt und euer Herz öffnet um die Schmerzen zu heilen, die so sehr lange in euch begraben waren, lasst sie fließen, lasst es zu. Erlaubt euren Tränen zu fließen, um Heilung in jeden Teil eures Seins zu bringen. Gestattet euch selbst, es wirklich zu fühlen und umarmt dies im Herzen durch den Atem. Erlaubt allen Erinnerungen und Schmerzen vollständig und ohne irgendeine Unterdrückung gefühlt zu werden. So werdet ihr eure Heilung voranbringen, Stück für Stück. Wenn ihr den Schmerz einatmet, werden sich diese Prägungen lösen und für immer geheilt werden. Bittet euer Höheres Selbst, euch dabei zu helfen, die Erinnerungen aufzudecken, die euch davon abhalten, eure neue glorreiche Realität zur Entfaltung zu bringen.

Wir bitten euch, diese Arbeit gewissenhaft in euren täglichen Meditationen durchzuführen, so lange, bis ihr spürt, dass es abgeschlossen ist. Verbindet euch mit uns und unserer Liebe von Herz zu Herz. Ihr dürft um unsere Assistenz bitten und wir werden bei euch sein, wenn ihr diese höchst wichtige innere Arbeit leistet. Alle von uns in Telos möchten denjenigen sehr gerne dabei helfen, die ihr Herz dafür öffnen, uns zu erreichen. Wir sind eine Zivilisation, welche große Herzöffnungen erlangt hat und unsere Schwingung pulsiert im Herzen der Göttlichen Mutter. Schrittweise werden die tiefsitzenden Schmerzen von euch genommen und ihr werdet euch viel leichter fühlen. Die Klärung dieser Schmerzen wird euch auch dabei helfen, viel mehr von dem wahrzunehmen, wer ihr wirklich seid. Das wird euch gestatten, gigantische Sprünge in eure vollständige spirituelle Wiedererweckung zu machen.

Wir laden euch dazu ein, nachts, während euer Körper schläft, nach Telos zu kommen. Wir haben viele spirituelle Berater, die bereit sind, mit jedem Einzelnen von euch zu arbeiten. Jedem Einzelnen, der zu uns kommt, werden drei Berater zugewiesen, die sehr eng mit euch zusammenarbeiten werden. Einer von ihnen fokussiert sich auf die Heilung des Emotionalkörpers, der zweite auf die Heilung des Mentalkörpers und der dritte auf die Heilung des Ätherkörpers; alle in Einheit mit der göttlichen Gegenwart.

Diesem Channelmedium, Aurelia Louise, wurde vor einer Weile die Gelegenheit eines kurzen, flüchtigen Blickes auf das Neue Lemuria gestattet. Sie war tief berührt und weiß in ihrem Herzen mit absoluter Sicherheit, dass das, was wir durch sie zu dieser Zeit schreiben, nicht nur einfach ein Versprechen ist, das in fernen Zukunft liegt. Sie hat etwas davon gesehen. Sie weiß in jeder Zelle ihres Seins, dass diese Manifestation für viele von euch innerhalb dieses Jahrzehnts oder kurz danach zur Realität werden könnte.

Als Erdenwesen sind wir eine große Familie

Von da aus, wo wir wohnen, erkennen wir einen beständigen Fortschritt beim großen Erwachen, das im Bewusstsein der Menschheit stattfindet, indem sie sich wieder an ihre göttliche Natur erinnert.

Ihr Lieben, auch wenn ihr nicht in der Lage sein mögt, von eurer Warte aus das Gesamtbild dieses wunderbaren Fortschrittes zu sehen, wir in Telos haben die notwendige Technologie, um nicht nur diesen Fortschritt zu sehen, sondern auch täglich Graphiken davon in unseren Aminosäuren-Computern zu erstellen. Wir können den Anstieg der Schwingungsfrequenz von jedem Einzelnen täglich messen, in jeder Gegend eurer Erdoberflächen-Dimension. Jeden Tag sehen wir weitere Menschen zu ihren göttlichen Absichten und Missionen erwachen und wir sehen, wie immer mehr von euch die Entscheidung treffen, Liebe und Frieden aus tiefstem Herzen in euren persönlichen Leben und für euren Planeten anzunehmen.

Angesichts der Tatsache, dass so viele von euch nun zu einem besseren Verständnis wahrer Spiritualität erwachen und eine neue Wahl für sich selbst treffen, erkennen wir, dass euer letztendlicher Sieg und eure spirituelle Freiheit sichergestellt sind. Die Frage ist lediglich, wie viele Erdenjahre es brauchen wird, um die kritische Masse zu erreichen. Wir können euch aufrichtig sagen, dass dieser Prozess sogar schneller abläuft, als es die Spirituelle Hierarchie jemals erwartet hat. In jedem Falle blickt ihr nicht länger auf vor euch liegende Jahrhunderte oder Jahrtausende, was den Übergang in die Neue Welt betrifft, auf den ihr so lange gewartet habt. Wisset, dass von jetzt an, schon innerhalb von 10 Jahren, viele positive Veränderungen stattfinden werden und dass ihr von da an einen intensiven ausgedehnten Zyklus von positiven Veränderungen durchleben werdet. Die Intensität der Energie wird weder aufhören noch sich vermindern, bis ihr euch behaglich in den Wundern und der Glückseligkeit der 5. Dimension eingerichtet habt.

Die Zeit der Wiedervereinigung unserer beiden Zivilisationen ist endlich sehr nahe.

Wir in Telos und alle eure Brüder und Schwestern aus der „Inneren Erde", die ein ausgedehntes Reich aus vielen Zivilisationen umfassen, sehen dieser Erweiterung des Bewusstseins mit großer Freude und Anteilnahme zu. Wir unterstützen euch stets mit unserer Liebe und unserem Licht. Wir sind fast wie Kinder, welche die Tage bis Weihnachten zählen: Bis zum „Weihnachtsfest" der Vereinigung in Liebe und Brüderlichkeit zu einer großen Erdenfamilie. Mit Staunen beobachten wir das Erwachen, das jeden Tag stattfindet und wir wissen, dass die Zeit der Zusammenführung unserer beiden Zivilisationen endlich sehr nahe herangerückt ist, nach all den vielen Jahren und Jahrhunderten der physischen Trennung.

Wenn die Zeit unseres Hervortretens auf die Oberfläche kommt, wird es eine Zeit großer Freude und großen Jubels für Viele sein, besonders für jene, die sich unserer Anwesenheit in der Erde bewusst sind und die in ihren Herzen ein solch großes Sehnen verspüren, uns in ihren Heimen willkommen zu heißen und schließlich von Angesicht zu Angesicht mit uns reden zu können. Die Wunder unserer „Großen Begegnung" werden sogar noch größer sein, als ihr es euch derzeit vorstellen könnt. Wisset, dass wir uns ebenso danach sehnen, physisch mit euch zusammen-zutreffen, wir ihr euch danach sehnt, bei uns zu sein. Weil wir eine Familie sind, ist dies ein Wunsch, der auf Gegenseitigkeit beruht.

Wir betrachten auch die Lichtarbeitern, die sich zu dieser Zeit verkörpert haben; welche diese wundervolle Mission zustande bringen, die den Weg dieses großen Erwachens weisen. Ihr seid tapfere Lichtkrieger, ihr nehmt viele Schwierigkeiten auf euch, um das Christusbewusstsein auf diesem Planeten zu verbreiten und wir schätzen euch kostbar in unseren Herzen. Wir grüßen und ehren euch mit Dankbarkeit und inniger Liebe.

Wir werden greifbarer auf die „Oberfläche" zurückkehren, wenn das spirituelle Erwachen die kritische Masse erreicht hat, nicht eher. In Kürze werden wir die Erlaubnis erhalten, uns unter eine begrenzte Anzahl Menschen der Oberflächenbevölkerung zu mischen, die eine Schwingungsebene erreicht hat, die ihnen ermöglicht, uns zu sehen und sich in der Ausstrahlung unserer Schwingung komfortabel zu fühlen. Seid versichert, dass wir unsere Schwingung nicht absenken werden, um euch auf der gegenwärtigen Ebene der 3. Dimension und Dichte zu treffen. Wir werden euch höchstwahrscheinlich bis auf einen Punkt entgegenkommen, der etwas über dem halben Weg liegt. Damit ihr uns in den höheren Ebenen der 4. Dimension treffen könnt, müsst ihr notwendigerweise eure eigene Schwingung und euer Bewusstsein bis dahin angehoben haben.

Dieser anfängliche Austausch wird stetig die Pfade für unser letztendliches Hervortreten auf der Oberfläche öffnen und beide Zivilisationen als eine große Familie der Kinder unserer Mutter zusammen bringen. Wir sind Wesenheiten der Liebe, wir leben einen Pfad der Liebe und wir möchten euch wissen lassen, dass wir viel Liebe für euch alle empfinden.

Wenn wir kommen, werden wir euch eine Lebensweise lehren können, die euch dabei helfen wird, sehr schnell die Grundlagen für ein beständiges Goldenes Zeitalter der Erleuchtung, der Liebe, des Friedens, der Schönheit und der Fülle für alle auf diesem Planeten legen.

Wir werden euch assistieren, dieses Goldene Zeitalter einzuleiten, nach dem ihr euch so lange gesehnt habt. Bereitet euch einfach vor, indem ihr euch gegenseitig noch mehr liebt und euch mehr als Brüder und Schwestern einer großen Familie betrachtet. Fangt an, in eurem Geist und Herzen empfänglich für uns zu sein, und ladet uns ein, eure Wegweiser und Mentoren zu werden. Ihr werdet es niemals bereuen.

Die vergangenen 12.000 Jahre hindurch, in denen wir im Untergrund lebten, haben wir in den unterirdischen Städten und in Telos eine Grundlage gelegt, die auf dem Bewusstsein von Liebe und wahrer Brüderlichkeit basiert. Über diese tausende von Jahren hinweg haben wir unsere Gesellschaftsstrukturen so verfeinert, dass sie in jedem Aspekt unseres Lebens mehr und mehr in Resonanz mit den göttlichen Prinzipien gekommen sind.

Ihr Geliebten, wir sind lange genug Zeuge eurer Schmerzen und eures Strauchelns gewesen. Mit viel Erleichterung und gespannt warten wir darauf, euch zu zeigen, wie man diese Realität in eurer Welt manifestiert, so dass es niemals mehr Leiden auf diesem Planeten geben wird, weder für die Menschheit noch für irgendein anderes sich hier entwickelndes Königreich.

Es wird keine 12.000 Jahre dauern, dies mit unserer Hilfe zu vollenden. Wir wissen bereits, wie es geht.

Die Verschmelzung unserer Energien durch die Magie der „Liebe" kann und wird diese wundervollen Veränderungen für euch bringen. Seid willens, eure Herzen für uns zu öffnen und vertraut darauf, dass wir nicht nur eure Freunde sind, sondern eure Brüder und Schwestern von vor langer Zeit. Auf der Seelenebene kennen wir uns sehr gut, denn wir waren alle eine Familie zu der Zeit des Kontinentes von Lemuria. Und wir sind es immer noch.

Wir senden euch aus Telos viel Liebe, die hier in großer Reichhaltigkeit fließt. Wir haben kein Problem, sie zu generieren und dies erlaubt uns, in großer Opulenz zu leben. Wir bewahren euch liebevoll in unseren Herzen. Bis wir uns treffen, übt euch weiterhin in der Kunst der wahren Liebe, was damit beginnt, sich selbst zu lieben. Möge reichlich Liebe in euren Herzen für euer Selbst, füreinander und für die gesamte Schöpfung vorhanden sein. Ihr seid kostbare Juwelen und ein Ausdruck der Liebe des Vater/Mutter-Gottes!

Teil 2

Botschaften von Adama, dem Hohepriester von Telos

Die Geisteshaltung der Dankbarkeit
öffnet Wundern die Tür
und der Vervielfachung eurer Segnungen.
Wenn ihr einen Mangel an Segnungen
in eurem Leben fühlt
oder den Wunsch, die Segnungen
auf eine größere Ebene auszuweiten,
übt euch in dieser altüberlieferten Kunst,
um alle Bereiche eures Lebens zu verbessern,
inbegriffen eure Fülle.
Adama

4. Kapitel

Die Regierung von Telos

Adama hat einige dieser Informationen gechannelt, ein weiterer Teil stammt aus den Schriften von Sharula Dux, einem Mitglied der telosianischen Gemeinschaft, das nun an der Oberfläche lebt.

In Telos gibt es zwei Formen der Regierung. Der König und die Königin von Telos, Ra und Rana Mu, Aufgestiegene Meister, die auch Zwillingsflammen sind, formen einen Aspekt der Regierung von Telos. Sie sind die ultimativen Regenten von Telos.

Die zweite Form der Regierung ist der lokale Rat, genannt der Lemurianische Lichtrat von Telos, der aus zwölf Aufgestiegenen Meistern besteht, in dem sechs Männer und sechs Frauen dem Rat dienen, um das göttlich maskuline und das göttlich feminine Prinzip auszubalancieren. Ein dreizehntes Mitglied ist der oberste Hohepriester von Telos, zu dieser Zeit Adama, der als Führer des Rates fungiert, um die letztendlichen Entscheidungen zu treffen, wenn es bei den vom Rat getroffenen Entscheidungen ein unentschiedenes Wahlergebnis gibt.

Die Mitglieder des Rates werden entsprechend ihres spirituell erreichten Standes gewählt, nach ihren inneren Qualitäten, ihrer Reife, Meisterschaft und ihren Kenntnissen auf bestimmten Gebieten. Wenn ein Mitglied des Rates sich entscheidet zu einer anderen Ebene des Dienstes weiterzugehen, wird diese freie Stelle den Leuten bekannt gemacht und diejenigen, die einen Sitz im Rat einzunehmen wünschen, können sich darum bewerben. Alle Bewerbungen werden durch den Rat sorgsam studiert, ebenso von den Mitgliedern der Priesterschaft und dem König und der Königin von Telos. Der König und die Königin haben das letzte Wort darüber, wer von den Bewerbern ausgewählt wird, im Rat zu sein.

Die Stadt Telos

Telos ist eine ziemlich große Stadt, schätzungsweise anderthalb Millionen von uns leben da. Wir sind in mehrere Stadtteile aufgeteilt und wir alle unterliegen der örtlichen Regierung. Viele von uns leben in ganz unterschiedlichen Gegenden. Was wir die „Stadt Telos“ nennen, ist in fünf Ebenen von mehreren Quadratmeilen bei Mount Shasta aufgeteilt.

Die erste Ebene

Der größte Prozentsatz unserer Leute lebt bei der Kuppel auf der ersten Ebene. Dort sind auch die Verwaltungsgebäude und die öffentlichen Gebäude und mehrere Tempel angesiedelt. Im Zentrum dieser Ebene steht unser größter Tempel, genannt der Tempel von MaRa, in pyramidenförmiger Struktur. Er kann 10.000 Menschen fassen. Er ist der Priesterschaft von Melchizedek geweiht. Die Pyramide ist Weiß, mit einem Stein an der Spitze, welcher der „Lebende Stein" genannt wird und eine Gabe von der Venus an uns ist.

Die zweite Ebene

Hier geschieht die gesamte Produktion und Herstellung für die Menschen und die Stadt. Es befinden sich auch mehrere Schulen für die Kinder und die Erwachsenen hier. Es wohnen auch viele von unseren Leuten hier.

Die dritte Ebene

Diese Ebene ist vollständig unseren Hydrokultur-Gärten gewidmet. Unser gesamter Nahrungsbedarf wird hier auf ungefähr 28.000m2 Land angebaut – das Ergebnis ist Nahrung die interessant ist, uns Freude bereitet und eine große Vielfalt offeriert. Unsere Methoden des Gärtnerns sind so effektiv, dass sieben Morgen Land alles sind, was dazu notwendig ist. Bei uns wächst eine große Auswahl an Nahrungsmitteln in Fülle und ernährt 1,5 Millionen Menschen, denen sie starke, gesunde Körper erschaffen, die nicht altern.

Ich möchte gerne, dass ihr euch darüber bewusst seid, was wir essen, doch als 5-dimensionale Wesen müssten wir nicht essen, so wie ihr. Wir essen nur, wann wir dies auch wirklich wollen und können willentlich alles manifestieren, was wir wollen. Unsere

Nahrung ist in keiner Hinsicht so dicht wie eure. Obwohl sie Substanz hat, Geschmack, Farbe und Form, würdet ihr sie auf eurem Stand der 3. Dimension als ätherische Nahrung bezeichnen.

Unsere Hydrokulturgärten sind in der Lage, auf konstanter Basis Korn zu produzieren. Bei uns wächst Nahrung viel schneller, denn wir verwenden eine fortgeschrittene Technologie der Hydrokultur. Wir brauchen sehr wenig Erde, viel Wasser und nichts von den Chemikalien, die ihr verwendet. Unsere Nahrung ist vollständig organisch und trägt die höchstmögliche Schwingung in sich. Unsere Form von Gartenbau benötigt keinen Dünger und laugt den Boden nicht aus. Wir geben organische Mineralien in das Wasser der Pflanzen. Unsere Frucht wird auch durch das große Licht und die Liebesschwingung von Telos angereichert und im Wachstum beschleunigt. Dies ist die Magie unseres 5-dimensionalen Bewusstseins, das ihr bald entdecken werdet, höchstwahrscheinlich noch in diesem Jahrzehnt oder sehr bald im nächsten.

Die vierte Ebene

Diese Ebene enthält einige Hydrokultur-Gärten, einiges an Herstellungsstätten und ein großes Gebiet davon ist der Natur gewidmet, parkähnlich mit kleinen Seen und Springbrunnen ausgestattet.

Die fünfte Ebene

Diese Ebene ist völlig der Natur gewidmet. Hier gibt es hohe Bäume und Seen in parkähnlicher Atmosphäre und hier ist auch der Ort, an dem wir alle unsere Tiere halten. In dieser Naturebene sind viele Pflanzen und Tiere bewahrt geblieben, die ihr auf der Oberfläche schon längst nicht mehr habt. Unsere Tiere sind alle Vegetarier und fressen sich nicht gegenseitig auf. Sie leben Seite an Seite in vollkommener Harmonie, ohne Angst und ohne jegliche Aggression gegen Menschen oder untereinander. Telos ist wirklich der Ort, an dem Löwe und Lamm Seite an Seite liegen und zusammen in völligem Vertrauen schlafen können.

Transportmethoden in Telos

Wir haben mehrere Transportmöglichkeiten innerhalb der Stadt, wie zum Beispiel fahrende Bürgersteige, auf den Ebenen befindliche Aufzüge und elektromagnetische Schlitten, die Schneemobilen ähneln. Um zwischen den Städten hin- und herzureisen, nehmen die Einwohner die Untergrundbahn, ein elektromagnetisches U-Bahn System, das Geschwindigkeiten bis zu 4.800 km/h erreichen kann.

Die physische Erscheinung der Telosianer

Seht ihr anders aus als wir?

Wir sehen „technisch" aus wie ihr, obwohl wir in der Statur größer und breiter sind als ihr es seid. Wir haben über tausende von Jahren hinweg ein jugendliches Aussehen bewahrt, augenscheinlich zwischen 20 und 40 Jahren, ganz nach unserer Wahl. In unserer Gesellschaft zeigt niemand irgendwelche Spuren des Alterns, noch bekommen wir mit der Zeit graue Haare. Das könnte euch zunächst seltsam vorkommen, aber ihr werdet euch sehr schnell daran gewöhnt haben. Wir können unser Aussehen auch leicht willentlich verändern. Das Geschenk des perfekten Körpers kommt mit der Gnade des Aufstiegs in ein 5-dimensionales Bewusstsein.

Wenn ihr jemandem vorgestellt werdet, der 20.000 Jahre alt ist, werdet ihr merken, dass er oder sie ebenso jugendlich aussieht, wie jeder andere auch. Da wir den Status der Unsterblichkeit erreicht haben, verlängern wir das Leben im gegenwärtigen Körper so lange wir dies wünschen. Und wenn wir fühlen, dass es Zeit ist in einen anderen Dienst zu treten oder in eine höhere Dimension zu wechseln, nehmen wir unsere Körper mit uns in unser neues evolutionäres Abenteuer.

Das Zelebrieren von Feiertagen

Habt ihr in Telos Feiertage und wenn ja, wie feiert ihr sie?

Ich grüße euch mit wundervollen Blumen aus meinem Herzen. Ja, wir haben wunderbare Feiertage in Telos mit umfangreichen und sorgfältig geplanten Festivitäten, an denen jeder teilnimmt, auch die Kinder. Obwohl wir im Allgemeinen nicht die selben Feiertage zelebrieren wie ihr, nehmen wir jeden Tag unseres Lebens als eine fortwährende Feier des Lebens, der Liebe und tiefen Dankbarkeit aus unseren Herzen wahr, für die Schönheit, die Fülle und die Gnade, die wir jeden Tag empfangen.

Auch wenn wir viele Gründe zum Feiern haben, finden unsere Hauptfeierlichkeiten vier Mal im Jahr mit dem Wechsel der Jahreszeiten statt; während der Sonnenwenden und der Tag-und-

Nacht-Gleichen. Während dieser Phasen in den Jahreszeiten initiiert jede Stadt des Agartha-Netzwerkes hochkultivierte Feierlichkeiten, die 3 Tage andauern. Diese großen Feierlichkeiten werden über alle Städte verteilt organisiert. Freunde und Familien nehmen zusammen daran teil und zeigen dabei viel Liebe füreinander. Eine große Anzahl Menschen reist zu verschiedenen Städten, um dort an den Festivitäten teilzunehmen und diejenigen zu besuchen, die ihnen lieb sind. In Telos verdoppelt sich unsere Bevölkerung beinahe durch die ganzen Besucher, die von überall her aus dem Erdinneren kommen und durch die vielen, die von den Sternen kommen. Diese Besucher sind Mitglieder unserer galaktischen Familie und ebenso von eurer. In naher Zukunft werden viele von euch mit vielen eurer Brüder und Schwestern von den Sternen zusammentreffen und daran werdet ihr viel Freude haben!

Wir nehmen alle gemeinsam an einer großen Feier der Liebe und Einheit mit unserem Schöpfer, der Erde und untereinander teil. Wir tanzen, spielen Musik, singen und zeigen uns unsere Liebe und Wertschätzung für die Freude, die wir zusammen erfahren. Vor jeder Feier widmen wir uns alle der Dekoration unserer Stadt, die wir mit exquisiter Kreativität und Schönheit vornehmen. Keine Anstrengung ist dafür zu viel und schon allein durch die Dekoration begibt man sich auf der Herzensebene in die Feierlichkeiten.

Das ganze Jahr über gibt es auch noch weitere Gelegenheiten, für die wir uns Zeit zum Feiern nehmen. Wenn wir keinen speziellen Grund zum Feiern hätten, würden wir uns einen erschaffen. Das

Leben ist voller Magie und voller Überraschungen, dass es immer einen Grund gibt, um etwas zu feiern. Wir feiern auch eure Liebe und eure Offenheit eurem antiken lemurianischen Erbe gegenüber. In unseren Herzen bereiten wir die großen Feierlichkeiten für die Wiedervereinigung unserer beiden Zivilisationen vor, die in der Tat die größte aller Feierlichkeiten darstellen wird.

Wir leben in kreisrunden Häusern

Wir hören, dass die Lemurianer in „kreisrunden Häusern" leben. Kannst du sie beschreiben?

Früher mussten wir unsere Häuser derart bauen, wie ihr es jetzt tut, mit Hilfe von Architekten, echten physischen Plänen und verschiedenen Baumaterialien und Werkzeugen wie z.B. Sägen und Hämmern. Jetzt, nachdem wir 5-dimensionale Wesen geworden sind, erschaffen wir unsere Häuser, indem wir durch unsere Gedanken, Absichten und aufrechterhaltene Fokussierung manifestieren, was wir brauchen.

Ja, wir entwerfen unsere Häuser nach den Prinzipien der Heiligen Geometrie. Aus diesem Grund sind die meisten unserer Häuser auf die eine oder andere Weise rund und sie wurden mit großer Kreativität und Schönheit entworfen. Das Grundmaterial für das Äußere unserer Häuser ist Kristall. Denkt immer daran, dass ich aus einer 5-dimensionalen Perspektive spreche. Ihr müsst euer Bestes geben, um meine Worte vom Gesichtspunkt dieser Perspektive zu verstehen. Was wir als Meister hier versuchen euch zu beschreiben, hat in eurer Dimension kein exaktes Gegenstück. Manche dieser Beschreibungen ergeben für euch keinen Sinn, wenn ihr sie lediglich aus der Perspektive des 3-dimensionalen Verstandes betrachtet.

Da wir uns vollständig in die 5. Dimension bewegt haben, erschaffen wir nun unsere Häuser hauptsächlich mit unseren Gedanken und Absichten. Alles, was wir haben und erschaffen, unsere Körper inbegriffen, sieht für uns sehr physisch aus und fühlt sich auch so an. In der Tat fühlt sich unsere Körperlichkeit für uns so real an, wie eure Körperlichkeit für euch. Allerdings ist unsere Physis von so viel Licht durchdrungen, dass sie das Meiste von ihrer Dichte verloren hat und für euch in eurem gegenwärtigen Bewusstseinsstatus weder sichtbar noch berührbar wäre.

Die Realität unserer Dimension ist sehr fließend und fast alle von uns können alles erschaffen, was wir beständig wollen und brauchen. Wir haben nun die Fähigkeit erlangt, unsere Heimstätten sehr schnell zu erschaffen, in jeder gewünschten Weise, und wir können auch jederzeit Änderungen fast genauso schnell vornehmen, wenn wir das wollen. Es wird für euch auf der Oberfläche ein bisschen dauern, bis ihr dies vollkommen verstehen könnt und in der Lage sein werdet, das Gleiche zu tun. Es wird bald ein riesiger Spaß für euch werden, die praktische Anwendung dieser Konzepte zu vertiefen und anzufangen, damit zu experimentieren; zunächst unter unserer Anleitung und mit unserer Assistenz. Wenn ihr bereit seid, ist dies eines der vielen Dinge, die wir euch gerne beibringen möchten.

Unsere Häuser sind aus kristallähnlichen Steinen konstruiert, die viel Licht ausstrahlen und sehr schön sind. Die Steine besitzen genug Dichte, dass andere von Außen nicht hineinsehen können. Dadurch bleibt unsere Privatsphäre jederzeit gewahrt. Wenn wir allerdings drinnen sind, ist der Blick nach draußen vollkommen klar, wie in Häusern aus Klarglas, was uns gestattet, aus allen Winkeln und in alle Richtungen hinauszusehen. Aus diesem Grund haben wir das Gefühl, in Kristallpalästen zu wohnen. Unser Blick nach draußen wird nie durch irgendetwas gehindert und wir fühlen uns niemals in Mauern eingeschlossen.

Wir erschaffen unsere Häuser in Kreisform und mit sehr viel Kreativität, um ihnen den Komfort von sehr luxuriösen Erscheinungen zu geben. Ich würde euch gerne in einfachen Begriffen erklären, wie wir vorgehen würden, um ein kleines rundes Haus zu bauen. Zum Spaß möchte ich euch eine Vorstellung davon geben, wie dies vonstatten geht. Für die Fertigstellung des Hauses nutzen wir die gleichen Prinzipien. Ihr könnt nun eure Imagination einsetzen, um dieses Haus für euch selbst zu vollenden, wenn ihr wollt und ihr könnt anfangen, euer ganz eigenes Haus zu erträumen. Es hat damit zu tun, eure Träume bewusst zu erschaffen und zu manifestieren.

Lasst mich nun fortfahren mit der Erschaffung eines kleinen runden Hauses

Erstens: Ich entscheide mich für den Ort und wie groß ich den Durchmesser für dieses Haus haben möchte.

Zweitens: Mit meinem Geist und meiner Absicht des Materialisierens beginne ich die Außenlinie der Struktur zu visualisieren, die ich erschaffen möchte. Wenn ich nicht genau genug bin oder wenn ich in meiner Visualisierung schlampig werde, wird es nicht so werden, wie ich es erhofft habe. Erinnert euch, ich gebrauche meinen Geist und meine Herzenergie, um zu erschaffen, was ich möchte. Das Material, das ich in meinem Geist verwende, ist von kristalliner Subtanz. In meinem Geist beginne ich nun, jeden Stein an die richtige Stelle und den rechten Platz zu legen, entsprechend dem exakten Design, das ich manifestieren möchte. An diesem Punkt ist es immer noch lediglich ein Umriss, weder ausgefüllt noch verdichtet. Glaubt mir, ich kann das ziemlich schnell tun. Da wir in einer zeitfreien Zone leben, spielt es keine Rolle, wie lange es dauert. In eurem Zeitrahmen würde es nicht länger dauern als eine halbe Stunde.

Drittens: Wenn ich vollkommen zufrieden bin mit der Erschaffung des Umrisses meiner neuen kristallinen Struktur und fühle, dass mein Herz von der Freude über diese neue Schöpfung erfüllt ist, gehe ich weiter zum nächsten Schritt. Es ist nun an der Zeit, jeden Stein mit einer größeren Intensität des kristallinen Lichtes zu füllen und mehr Dichte hineinzubringen. Während ich fortfahre und mich intensiv auf meine neue Kreation ausrichte, füllt sich jeder Stein mit all dem Licht und der Liebe, die ich hineingieße. Wenn dies geschehen ist, setze ich meine Fokussierung auf die Verdichtung des Lichtes fort, aus dem die Steine geschaffen wurden, so lange, bis sie die gewünschte Dichte haben.

Und so ist es entstanden, meine lieben Freunde, die kristalline Struktur des neuen Hauses ist nun vollendet. Sie ist nun bereit, auf jede von euch gewünschte Weise fertiggestellt zu werden, mit all der Schönheit, die ihr noch hinzufügen möchtet. Wenn ihr genügend Licht und Liebe in eurem Bewusstsein tragt, werden alle Arten der Manifestation leicht und vollkommen natürlich. Geht nun an euer Tagesgeschäft mit Liebe und Dankbarkeit für alles, was ihr habt und erschafft aufs Neue und mit viel Schönheit die Art Leben, nach dem ihr euch gesehnt habt. Ihr könnt all dies tun, wenn ihr daran glaubt, dass ihr es könnt.

Bitte nehmt zur Kenntnis ...

Bitte nehmt zur Kenntnis, dass das, was wir hier erklären, in einer 5-dimensionalen Schwingung existiert. Es ist nicht physisch wie eure Schwingung und besitzt nicht die Art physischer Dichte, an die ihr in eurer 3-dimensionalen Welt gewöhnt seid. Wenn ihr in eurem gegenwärtigen Zustand hierher kommen würdet, wären fast alle von euch auf der Oberflächenwelt nicht in der Lage, etwas von unserer Ebene der Körperlichkeit wahrzunehmen. Für uns fühlt sich unsere Körperlichkeit so real an, wie eure für euch. Sie repräsentiert jedoch eine physische Ebene, die so mit Licht angefüllt ist, dass wir keine Begrenzungen irgendeiner Art mehr erfahren. Unsere Dimension ist weder sichtbar noch wahrnehmbar für euren gegenwärtigen Zustand des Bewusstseins und des spirituellen Erwachens. Lasst euch davon nicht entmutigen, das wird sich alles entwickeln. In dem Maße in dem ihr eure Herzen weiter öffnet und auf eurer Reise zur göttlichen Einheit vorankommt, wird sich alles eurem Bewusstsein eröffnen. Ihr werdet mehr und mehr eurer Göttlichkeit in eurer derzeitigen physischen Inkarnation verinnerlichen und manifestieren. Vertraut weiterhin darauf, dass für diejenigen, die sich nach der letztendlichen Vereinigung sehnen und die für das Erreichen dieses Entwicklungsstandes notwendige spirituelle Arbeit verrichten, die Schleier bald beginnen, sich zu heben.

Tunnel in der Erde

Wie werden die Tunnel zwischen den Untergrund-Städten und die Tunnel der Inneren Erde gewartet?

Die Tunnel zwischen den unterirdischen Städten, der Mittleren Erde und der Inneren Erde brauchen nur wenig Wartung, wenn überhaupt. Sie sind mit dem Ziel der Wartungsfreiheit konstruiert. Von Zeit zu Zeit, wenn es ein ernstes Erdbeben oder einen Vulkanausbruch irgendwo auf der Oberfläche des Planeten gibt, werden gelegentlich einige der Tunnel leicht beschädigt. Mit unserer fortgeschrittenen Technologie jedoch gehen wir dorthin und lösen die Probleme sehr schnell. Eine Beschädigung der Tunnel kommt sehr selten vor. Die von uns angewandte fortgeschrittene Technologie steht allen Zivilisationen innerhalb der Erde zur Verfügung.

Treffen sich die Vertreter der Städte regelmäßig?

Ja, wir haben oft Rats-Sitzungen mit Abgesandten der verschiedenen Zivilisationen aus der Inneren Erde. Wir gehen alle sehr freundlich und liebevoll miteinander um. Zwischen uns gibt es nie irgendwelche Machtkämpfe. Bedingungslose Liebe ist immer die Hauptregel. Unser Hauptgrund für die Treffen ist immer die Diskussion darüber, wie wir am Besten Wege für die effizienteste Weise der Zusammenarbeit zum Nutzen des Kollektivs finden können. Wir diskutieren über den Handel miteinander. Wir haben kein Geldsystem und wir teilen alle unsere Überschüsse an Gütern und Nahrung miteinander. Wir diskutieren auch über Wege, mit denen wir der Oberflächenbevölkerung bei ihrer Evolution und ihren spirituellen Einweihungen assistieren können.

Shamballa und ihre Rolle

Worin besteht die Rolle von Shamballa, was ist der Ursprung, wie ist die Regierung und was ist Shamballas Hauptaufgabe – jetzt und in der Zukunft?

Die Stadt Shamballa ist keine physische Stadt mehr. Sie ist dies schon seit sehr langer Zeit nicht mehr. Sie hat jetzt eine 5-, 6- und 7-dimensionale Schwingung und existiert noch auf der ätherischen Ebene. Hauptsächlich ist sie das ätherische Hauptquartier für diesen Planeten, der Wohnsitz von Sanat Kumara und seine Mitarbeiter. Obwohl Sanat Kumara jetzt offiziell zur Venus zurückgekehrt ist, hat er immer noch ein Augenmerk auf Shamballa und assistiert unserem Planeten noch immer. Mount Shasta, das Gebiet von Royal Teton in Wyoming und Shamballa sind die Hauptorte, an denen die Spirituelle Hierarchie dieses Planeten lebt, sich trifft und ihre Konklaven abhält. Shamballa und die anderen gerade erwähnten Orte halten den permanenten

Fokus spiritueller Regierung für diesen Planeten. Natürlich gibt es noch mehrere andere, wichtige, um den Planeten herum verteilte, ätherische Zentren.

Die Einwohner der Inneren Erde

In der Mittleren und Inneren Erde residieren viele sehr alte Zivilisationen, die vor Äonen aus anderen Welten und Universen hierher gekommen sind. Sie befinden sich alle in aufgestiegenem Zustand, auch wenn einige von ihnen einen gewissen Grad physischen Seins aufrechterhalten haben. Sie leben meist in einem Bewusstsein, das 5- und 6-dimensional ist und höher.

Das Agartha-Netzwerk besteht aus ungefähr 120 „unterirdischen" Lichtstädten, die hauptsächlich von den Hyperboreanern bewohnt sind. Mindestens 4 Städte sind von Lemurianern bewohnt und ein paar von Atlantern. Die Wesenheiten, die in den unterirdischen Städten leben, befinden sich auch in aufgestiegenem Zustand, aber sie haben sich auch einen bestimmten Grad der Körperlichkeit erhalten. Die Stadt „Kleineres Shamballa" war früher die Regentenstadt des Agartha-Netzwerkes. Sie wird von Hyperboreanern bewohnt. In den noch nicht so weit zurückliegenden Zeiten ist nun Telos die Regentenstadt des Agartha-Netzwerkes geworden.

Andere Städte des Agartha-Netzwerkes

POSID: Früherer atlantischer Vorposten, gelegen bei den Ebenen der Region von Mato Grosso, Brasilien. Einwohnerzahl: 1,3 Millionen.

SHONSHE: Zufluchtsort der Uighur Kultur, einem Zweig der Lemurianer, der sich entschieden hatte, vor 50.000 Jahren seine eigenen Kolonien zu gründen. Die Eintrittspforte wird von einem Himalaja-Kloster gehütet; die Einwohnerzahl beträgt nahezu eine ¾ Million.

RAMA**:** Überrest der Oberflächenstadt Rama in Indien, gelegen nahe Jaipur. Die Einwohner sind bekannt für ihre klassischen Hindu-Züge. Einwohnerzahl: 1 Million.

SHINGWA: Überrest des nördlichen Zugs der Uighurs. Gelegen an der Grenze der Mongolei und China, mit einer kleinen Zweigstadt in Mt. Lassen, Kalifornien.

Welche Bedeutung hat der innere Dialog,
den du Moment für Moment in dir führst?
Reflektiert er das, was du erlangen möchtest?

Adama

5. *Kapitel*

Update über das Erscheinen der Bewohner von Telos

Viele von euch wissen bereits, dass eine größere Zahl von uns plant, letztendlich auf der Oberfläche zu erscheinen, wenn genug von euch bereit und willens sind, uns und unsere Lehren anzunehmen. Es wird uns ein Vergnügen sein, uns von Angesicht zu Angesicht wieder mit euch zu verbinden und euch alles zu lehren, was wir wissen.

Wir werden euch lehren, wie ihr für euch und eure Lieben ein paradiesisches Leben der Magie erschaffen könnt - gerade da, wo ihr seid. Wir bitten euch, mitzuhelfen, das Wissen über unsere Präsenz in Mount Shasta all denen zu unterbreiten, deren Bewusstsein soweit ist, diese Information zu erhalten. Tut was ihr könnt, um unser Erscheinen auf der Oberfläche in Weisheit zu unterstützen und es ist mein Versprechen an euch, dass ihr dies nie bedauern werdet.

Wir bemerken, dass viele von euch Zeit und Daten wissen wollen; einige von euch werden schon fast ungeduldig. Wir bitten euch zu verstehen, dass die Zeit unseres Hervortretens nicht von uns abhängt: „Wir sind bereit." Es ist die Bevölkerung der Oberfläche, das Kollektiv, das noch nicht bereit ist, uns zu empfangen. Vorzeitig zu erscheinen würde den Zweck unseres Hervortretens vereiteln und definitive Rückschläge verursachen.

Was wird von uns verlangt, damit ihr von euren Lichtstädten zu uns kommen könnt?

Zuerst einmal zeichnen wir den Liebes- und Lichtquotienten der Oberflächenbevölkerung auf und registrieren ihn. Wir messen den Stand des Mitgefühls und der Herzöffnung des Kollektivs. Derzeit liegt dieser Stand bei 65 %. Damit wir in Erscheinung treten können, brauchen wir einen Prozentsatz von ungefähr 90 %. Dies ist nur einer der Faktoren, die wir untersuchen. Es gibt noch einige andere, die wir auch als sehr wichtig erachten. Viel wird von dem Bewusstseinsstand und der Evolution des Kollektivs abhängen; von dem Bewusstsein über die höheren Liebesschwingungen und dem Willen, das Leben als göttliche Wesen zu leben.

Ihr habt euch nun auf das große Abenteuer des Aufstiegs eingelassen. Diejenigen, die in der Lage sein werden, über das nächste Jahrzehnt hinaus auf dem Planeten zu bleiben, sind die, welche es gewählt haben, ihr Christusbewusstsein und ihre Göttlichkeit aus tiefstem Herzen anzunehmen. Persönliche und planetare Ereignisse werden für euch die Lehrmeister sein und euch in dieser Hinsicht helfen. Nach Millionen von Jahren der Evolution auf diesem Planeten hat unsere Mutter Erde beschlossen, in ihrer eigenen persönlichen Weiterentwicklung voranzuschreiten und diejenigen der Menschheit mitzunehmen, die bereit dazu sind, die gleiche Wahl zu treffen.

Als Resultat ihrer Wahl hat der Schöpfer der Erde eine mächtige Zuteilung von Liebe und Licht gegeben. Euer Planet ist mit neuen Energien so überflutet wie noch niemals zuvor. Diese Energien erhöhen sich mit jedem verstreichenden Tag an Intensität, Geschwindigkeit und Frequenz. Sieben Hauptportale sind von der Schöpfer-Quelle im Jahr 2002 geöffnet worden, die euren Planeten bis zum Jahr 2012 und darüber hinaus in großem Ausmaß umwandeln werden. In hundert Jahren, von heute an, wird euer Planet vollkommen transformiert sein.

Jedes dieser Portale enthält eine Anzahl von Unter-Portalen und Durchgängen, die alle von euch passieren müssen, um den nächsten Schritt vornehmen zu können. Bis 2012, oder vielleicht etwas eher, werden die meisten „Initiaten" auf eine 5-dimensionale Realität angehoben werden, in eine Welt der Magie und des Paradieses. In kurzer Zeit wird euer Planet so weit transformiert sein, dass er - von euren derzeitigen Lebens-standards aus betrachtet - fast nicht wiedererkannt werden wird.

Die Intensität des Lichtes erhöht sich täglich. Dies wird euch bei der großen Transformation helfen, die auf eurem Weg in das ehrfurchtgebietende und großartigste Abenteuer all eurer

Lebenszeiten gebraucht wird. Die Fußnote ist: „Ihr werdet bald euer Christusbewusstsein annehmen oder den Planeten verlassen müssen." Dafür wird euch mehr Assistenz gegeben als jemals zuvor.

Dies ist die Bedeutung des Zweiten Kommens. Alles Leben auf Erden wird bald zu seiner ursprünglichen Perfektion zurückkehren, mit der es zu Anbeginn der Schöpfung ausgestattet war. Es gibt außer der Erde noch andere Planeten, auf denen sich die Leute noch immer an ihrer Abspaltung von Gott und am Weg der Gewalt erfreuen. Für die Seelen, die sich entscheiden, zurückzubleiben, wird es viele neue alternative Wahlmöglichkeiten geben.

Was hat dies mit unserem Hervortreten zu tun? Geliebte Brüder und Schwestern, wir freuen uns ebenso darauf, mit euch zusammen zu kommen, wir ihr euch darauf freut, dies mit uns zu tun. Wir werden nicht sichtbar auf der Oberfläche erscheinen, bis die Mehrheit der Menschen auf diesem Planeten Liebe, Mitgefühl und Arglosigkeit gegenüber allen Lebensformen und Königreichen verinnerlicht hat. Es wird auch notwendig sein, dass ein gewisser Prozentsatz der Bevölkerung – dessen Höhe noch nicht festgelegt ist – von unserem Plan des Hervortretens erfährt und ihn willkommen heißt. Dies sind zwei Hauptfaktoren, welche die Zeit unseres Herauskommens bestimmen werden und es gibt noch mehrere andere Punkte, die auch ins Gewicht fallen.

Angesichts der Ereignisse, die bald für euch alle aktuell werden, hoffen wir, dass bis 2005/2006 oder kurz danach sich genügend positive Veränderungen im Herzen der Menschheit und der politischen Szene ereignen, dass wir anfangen können sichtbarer auf der Oberfläche zu erscheinen, um vielen von euch und eurer Mutter Erde zu helfen, den verbleibenden Weg des Aufstiegsprozesses zurückzulegen.

Wenn ihr versucht seid, uns Daten für unser Hervorkommen zu entlocken, geben wir die Frage zurück an euch, indem wir von euch wissen wollen, ob ihr die Anforderungen schon erfüllt? Ihr Lieben, wann werdet ihr und das Kollektiv bereit sein, uns zu empfangen? Es liegt wirklich an euch, eure Hausaufgaben zu machen und euch und andere, die offen sind, vorzubereiten für die ehrfurchtgebietende Erfahrung unseres Erscheinens unter euch.

Habt ihr einen Plan für euer Hervortreten?

Ja, den haben wir sicherlich. Wir haben einen Plan für unser Erscheinen, der nicht enthüllt werden darf; einer der sich mit höchster Geheimhaltung im Verborgenen entfalten wird. Zuerst werden wir uns an verschiedenen Orten heimlich mit kleinen Gruppen von Menschen treffen und ihnen direkte Lehren und Übermittlungen unserer Liebe und Energien geben. Diese kleinen Gruppen werden dann ausschwärmen und unsere Lehren an andere übermitteln, die bereit und willens sind, sie zu hören. Wenn mehr Leute bereit werden, uns zu treffen, wird der Kreis derer, die wir treffen, immer größer und stetig zu großen Gruppen anwachsen.

Wenn dieser Schwung zunimmt, werden mehr von uns in der Lage sein, in sichtbarerer Weise zu assistieren. Wenn sich um den Planeten herum genügend dieser Gruppen formiert haben und die Mitglieder ihren Bund mit uns eingehalten haben, werden wir mehr und mehr Leuten gestatten, sich direkt mit uns zu treffen, bis wir alle unter euch sind.

Es könnte euch auch freuen zu hören, dass einige unserer Leute bereits wunderbare Arbeit in eurer Dimension leisten, um den Weg des späteren sichtbaren Kommens für uns alle vorzubereiten. Keinem von ihnen ist es bisher gestattet, sich der Oberflächenbevölkerung zu erkennen zu geben. Sie sind „inkognito" da und so muss es zur Zeit bleiben. Bis sich eure Schwingung, Ausrichtung und Motivation in Resonanz mit einem 5-dimensionalen Bewusstsein befinden, werden sie euch sicherlich nicht kontaktieren. Viele von euch haben den Eindruck, dass wir uns in eure Schwingung begeben werden, aber das ist nicht der Fall.

Die zweite Welle unseres verstärkten Hervortretens wird in der 3. Dimension nicht stattfinden.

Der Rest von uns plant nicht, die Schwingung auf euren Level abzusenken. Obwohl wir uns berührbar unter euch befinden werden, wird nicht jeder in der Lage sein, uns zu sehen und mit uns direkt zu agieren; ausgenommen jene, die schon auf dieser Schwingungsebene leben. Versteht, dass wir physisch sein können, aber wir schwingen auf einer Frequenz, die viel höher und schneller ist als eure; also noch unsichtbar für die meisten von euch zur Zeit.

Bis dahin ist es euer Job, eure Schwingung und euer Bewusstsein auf mindestens zwei Drittel des Weges zu erhöhen, um uns zu treffen. Das bedeutet, dass ihr eure Schwingung auf einen fast 5-dimensionalen Level anheben müsst, wenn ihr uns bewusst treffen wollt.

Wenn sich folglich eine größere Anzahl von uns gelegentlich unter euch mischt, werden da zunächst jene sein, die uns wahrnehmen und sehen, so berührbar wie ihr euch gegenseitig seht und wahrnehmt. Jedoch wird die Mehrheit nicht dazu in der Lage sein. Stetig werden jedoch mehr und mehr „Oberflächenbewohner" es schaffen, ihre Schwingung auf das gewünschte Niveau zu erhöhen und sich in die Reihen derer zu gesellen, die uns sehen und direkt mit uns interagieren können.

Wir werden dann eine gemeinsame Verabredung haben, wenn ihr euch entscheidet, die Bedingungen dafür zu erfüllen. Mit offenen Herzen warten wir auf eure Bereitschaft. Wir segnen euch und bewahren jeden von euch sehr liebevoll in unseren Herzen und Seelen.

Ich bin Adama.

Perfektion ist ein Seinszustand,
der sich beständig ausdehnt,
in alle Ewigkeit.
Gleich wie perfekt etwas sein mag
oder was für einen Seinszustand jemand erreicht,
es gibt immer noch eine höhere Ebene,
für die man sich öffnen
und in die hinein man sich ausdehnen kann.
Das ist es, was die Magie
der Erleuchtung ausmacht.
Ahnahmar

6. Kapitel

Eintrittsbedingungen für Telos

Von denjenigen unter euch, die unserer Existenz bei Mount Shasta gewahr geworden sind, fühlen wir ein großes Sehnen nach Telos zu kommen und uns von Angesicht zu Angesicht zu treffen. Wir fühlen euren großen Wunsch, die Wunder und die Magie einer erleuchteten Zivilisation zu erfahren und euer Sehnen, euch mit euren früheren Familienmitgliedern zu verbinden, die in Telos oder anderswo in der 5. Dimension leben.

Auf der inneren Ebene hören wir euch rufen: „Wann können wir kommen, um Telos zu besuchen?" „Wann werden die Tore von Telos für die Oberflächenbewohner geöffnet werden?" Ihr Lieben, wir möchten euch wissen lassen, dass euer langes Warten fast vorüber ist. Wir sehen voraus, dass dies noch sehr gut vor dem Ende dieses Jahrzehnts geschehen könnte. Wir werden anfangen, kleine Gruppen von Oberflächenbewohnern zu einem Besuch einzuladen. Wir würden euch gerne erfahren lassen, was auf der Oberfläche erreicht werden kann, wenn die Mehrheit der Oberflächenbevölkerung unsere Lebensweise annimmt. Ihr werdet euch eine völlig neue Perspektive darüber aneignen, wie wundervoll das Leben auf dem Planeten werden kann, wenn es nach den göttlichen Prinzipien und wahrer Brüderlichkeit gelebt wird.

Es ist wichtig für euch zu realisieren, dass die Besuche zunächst nur auf persönliche Einladungen hin erfolgen werden. Macht euch keine Gedanken darüber, wie diese Einladungen zustande kommen werden; wenn die Reihe an euch ist eingeladen zu sein, werden wir viele Möglichkeiten haben, euch unsere Einladungen zukommen zu lassen; egal, wo ihr lebt. Weil wir in einem 5-dimensionalen Bewusstsein in Perfektion leben und ein gewisses Ausmaß an Körperlichkeit aufrechterhalten, haben wir recht strenge Eintrittsbedingungen, welche die künftig Eingeladenen zuerst erfüllen müssen. Seid versichert, dass eure persönliche Einladung nicht erfolgen wird, bis ihr die Anforderungen dieses Eintritts-Codes erfüllt habt.

Den vollen Umfang der Anforderungen im Detail zu erklären, ist nicht Sinn und Zweck dieser Botschaft. Nichtsdestotrotz lasst mich euch einen allgemeinen Überblick darüber geben, was erforderlich sein wird.

Erstens, werden nur diejenigen qualifiziert sein, die in ihrem Bewusstsein den 5-dimensionalen Stand erreicht haben. Das bedeutet, dass sie bedingungslose Liebe für das Selbst und für andere sowie für alle Lebensbereiche und alle Königreiche verinnerlicht haben müssen. Das Bewusstsein der Dualität muss mindestens zu 90 % in ein Einheitsbewusstsein umgewandelt werden. Es wird auch wichtig sein, die männlichen und weiblichen Energien zum Großteil ausbalanciert zu haben. Das Prinzip der Arglosigkeit muss in jedem Bereich eures Lebens angenommen worden sein. Ich überlasse es euch, in eurem Herzen zu untersuchen, was dies alles bedeutet. Das ist eure Hausaufgabe, ihr Lieben. Sie wird euch zur Selbstentdeckung führen, zu den Wundern darüber „wer ihr wirklich seid", die sich euch so lange entzogen haben.

Zweitens, werdet ihr euren Emotionalkörper von jeglicher Negativität der Vergangenheit und Gegenwart klären und heilen müssen. Das bedeutet, dass alle vergangenen Eintragungen von Schmerz, Ärger, Kummer, Schuld, Sorgen, Trauma, Scham, Sucht, Hoffnungslosigkeit, geringem Selbstwertgefühl, negativen Mustern, Miasmen etc. von eurem Unterbewusstsein, Solarplexus und Emotionalkörper angenommen und losgelassen werden müssen. Denn in der hochenergetischen Schwingungsfrequenz von Telos würden alle Emotionen oder Gedankenformen, die unterhalb der göttlichen Liebe liegen, in eurem Geist und Gefühl über tausend Mal verstärkt werden. Wir wissen, dass es - wenn ihr diese Einprägungen nicht mit Fleiß geklärt habt – traumatisch werden könnte und dass es euch nicht möglich sein würde, länger als ein paar Minuten in unserer Schwingung zu bleiben.

Drittens, werden nur jene, die ihre siebte spirituelle Einweihung abgeschlossen haben und entweder vollständig oder nahezu für die Aufstiegszeremonien bereit sind, für unsere Eintritts-Codes in Frage kommen. Auf diesem Planeten ist das Büro des Christus unter Lord Maitreya und Lord Sananda *(bekannt als euer geliebter Jesus in seiner Erdenmission vor 2000 Jahren)* der Ort, an dem ihr euch bewerben könnt, um diese Einweihungen auf den inneren Ebenen zu empfangen.

Die meisten von euch sind sich nicht bewusst, dass diese Einweihungen auf den inneren Ebenen stattfinden, aber nichtsdestotrotz finden sie dadurch statt, wie ihr euer tägliches Leben lebt und euer Bewusstsein bezüglich allen Aspekten eures Lebens entfaltet. Diese Einweihungen zu bestehen und sich auf den Aufstieg und die spirituelle Freiheit hin zu bewegen, ist in all euren vielen Lebenszeiten das Ziel gewesen und dieses Ziel hat sich euch entzogen für scheinbar tausende von Jahren. Die siebte Einweihung ist sicher nicht das Ende eurer Weiterentwicklung auf dem Planeten, aber die Eintrittsbedingungen verlangen von dem Kandidaten, der nach Telos kommen will, dass er mindestens diesen Grad erreicht hat. Mit den neuen göttlichen Fügungen können diese Einweihungen nun schneller als jemals zuvor in der Geschichte der planetaren Evolution abgeschlossen werden. Was früher tausende von Jahren brauchte, um erreicht zu werden, kann nun, wenn ihr es wählt, innerhalb der nächsten zehn bis zwanzig Jahre abgeschlossen werden.

Für jede Spezifikation, die wir gerade angesprochen haben, gibt es noch eine Vielzahl an Unterbereichen. Wir möchten nicht, dass ihr das Gefühl bekommt, dass diese Ziele unerreichbar für euch sind und wollen euch nicht ohne Hoffnung zurücklassen. Wir wissen, dass es viele von euch innerhalb angemessener Zeit schaffen können. Es gibt auf diesem Planeten mehrere tausend Leute, die diese Ebenen der Einweihungen und Ebenen darüber hinaus

schon in den letzten paar Jahren erreicht haben. Ihr mögt sie unter den Menschen finden, die ihr täglich in eurem Umfeld trefft. Es ist nicht notwendigerweise offensichtlich. Diejenigen, die es erreicht haben und es wissen, behalten die Informationen normalerweise für sich. Viele weitere gesellen sich ständig in die Reihen derer, die es schaffen.
Wir erwähnen diese Anforderungen euch gegenüber, weil es viele von euch gibt, die bereits mit uns vertraut sind, aber nicht wissen, dass es Eintrittsbedingungen für Telos gibt. Für jedermann, der durch unsere Türen tritt, egal, wer er ist und woher er kommt, ist es notwendig, dass er den Anforderungen der spirituellen Entwicklung entspricht, die benötigt wird, um in die 5-dimensionale Schwingung zu gelangen.

Wenn ihr fleißig eure spirituelle Arbeit tut und auf eurem Aufstiegspfad Schwung bekommt, werdet ihr diesen Zielen bald viel näher kommen. Wenn ihr eure Herzen der Liebe öffnet, werdet ihr finden, dass die Einweihungen viel leichter zu meistern sind, als die Tatsache, euch weiterhin in eurem Leben in schwierigen Situationen wiederzufinden und diese zu erfahren. Die Läuterung, die diese Einweihungen eurem Bewusstsein bringt, wird nicht nur die Tore von Telos für euch öffnen, sondern auch die des Neuen Lemuria mit Orten voller Magie und Wundern.

Denkt immer daran, dass Liebe der Schlüssel ist, ihr Lieben. Liebe wird euch alle Türen öffnen und euch selbst schnell auf eurem Pfad in die grenzenlose spirituelle Freiheit voranbringen. Aus der Liebe seid ihr gekommen und in die Liebe kehrt ihr jetzt zurück.

Ich bin Adama, euer lemurianischer Bruder.

7. Kapitel

Kinder in Telos

Gibt es unter euren Kindern welche, die direkten Kontakt mit anderen Kindern von der Oberfläche haben?

Nein. Derzeit haben unsere Kinder schon seit mehreren hundert Jahren keinen Kontakt mehr zur Oberflächenbevölkerung. Wir hoffen und sehen voraus, dass sich das gegen Ende dieses Jahrzehnts ändern wird. Der einzige Kontakt, den unsere Kinder mit Bewohnern der Erdoberfläche haben, besteht durch euer Fernsehen. Ja, wir haben in Telos Zugang zu eurem Fernsehnetz und zeichnen bestimmte Programme auf, damit unsere Kinder Spaß daran haben.

Treffen sich Kinder aus den Städten der Inneren Erde miteinander?

Ganz gewiss. Wir haben eine Menge Feiertage und Festlichkeiten und wir besuchen uns oft gegenseitig in den verschiedenen unterirdischen Städten und nehmen die Kinder dann mit zu diesen Feiern. Wir haben eine sehr offene Kultur und pflegen gern unsere sozialen Kontakte und tanzen auch gern. Wir besuchen oft Freunde und Familien aus anderen Kulturen und Städten und sie besuchen dann wiederum uns. Die Türen sind stets offen. Man braucht für solche Besuche auch nicht unbedingt einen besonderen Anlass. Wir alle reisen ziemlich regelmäßig zwischen den verschiedenen Städten des Agartha-Netzwerkes und anderen inneren Städten hin und her. Wenn Eltern diese Fahrten unternehmen – aus welchem Grund auch immer – sind die Kinder im Allgemeinen eingeladen mitzukommen, wenn sie dies möchten. Da dies immer ein Extravergnügen für sie ist, lehnen sie es nur selten ab.

Die Zukunft unserer Kinder

Was hält die Zukunft für die Beziehung zwischen euren und unseren Kindern bereit?

Wenn unsere beiden Zivilisationen sich zu einer vermischen, werden sich eure Kinder auch mit unseren vermischen. Eure Kinder und unsere Kinder sind grundsätzlich gar nicht so verschieden und das Zusammenkommen unserer Kinder mit Kindern der Oberfläche wird gut und sorgsam geplant werden. Es wird für die Kinder von beiden Zivilisationen ein großes Abenteuer sein und eine Menge Spaß bringen.

Sehr oft ist gesagt worden, dass dieser Planet sich in Bezug auf die notwendigen Anhebungen, die das Beherbergen einer erleuchteten

Zivilisation ermöglichen wird, rapide vorwärts bewegt. Das bedeutet, meine Freunde, dass in einer gar nicht so weit entfernten Zukunft das Dunkle Zeitalter verschwinden wird. Unsere beiden Zivilisationen werden sich zu einer einzigen vereinen - und die Kinder mit ihnen – um den glorreichen Aufstieg zu vollziehen, auf den wir schon so lange gewartet haben.

Lasst uns alle die Morgendämmerung der Neuen Welt im Herzen annehmen und willkommen heißen. So wie der Phönix aus der Asche aufsteigt, wird eine brandneue Welt göttlicher Liebe und Perfektion mit dem Auseinanderbröckeln all eurer begrenzenden Glaubenssysteme aufsteigen. Ihr werdet überholte Regierungssysteme, von denen ihr seit Äonen programmiert worden seid, endgültig loslassen.

Vergleicht die Erde mit dem Phönix. Sie wird aufsteigen und euch mitnehmen. Aber zuerst müsst ihr alles loslassen, was euch nicht länger dient. Ihr müsst willens sein, die altmodischen Lebensweisen zurückzulassen, die euch so lange in Begrenzung und Schmerz verharren ließen. Die Asche repräsentiert die Reinigung, welche die Erde und die ganze Menschheit zuerst hindurch gehen muss. Eure Zukunft ist licht, meine Freunde. Erhaltet die Hoffnung am leben, um euretwillen und für eure Kinder. Eine wundervolle neue Welt wartet auf sie und darum sind sie hier. Sie werden euch den Weg zeigen und in ihrer Seele wissen sie auch schon wie!

Aufwachsen in Telos

Dieser Abschnitt ist zum Teil von Adama durch Aurelia Louise Jones gechannelt und stammt auch teilweise aus einer Information, die 1996 durch Sharula Dux von Telos veröffentlicht wurde.

In Telos ist es so, dass ein Ehepaar nur dann Kinder haben darf, wenn es in einer „heiligen Ehe" vereint ist. Da die Elternschaft in Telos ein Langzeitprojekt ist, müssen Eltern, die sich Kinder wünschen, zuerst eine spezielle Eltern-Schulung absolvieren. Auf der Oberfläche müsst ihr Fahrstunden nehmen und für ein Auto einen Führerschein haben, aber jedes unerfahrene, emotional instabile 16-jährige Kind kann ein Baby bekommen. Diese Kinder der Oberfläche nehmen die immens wichtige Verantwortung auf sich, ein weiteres Leben auf die Welt zu bringen, obwohl sie weder in irgendeiner Form darauf vorbereitet sind noch selbst das Leben verstehen.

Den in Telos geborenen Kindern werden volle zwei Jahre mit 24-stündiger Vollzeitbetreuung durch Mutter und Vater zuteil. Dies ist höchst prägend für die Psyche des Kindes. Der Vater wird in den ersten zwei Lebensjahren seines Kindes von seinen zivilen Verpflichtungen freigestellt, so dass das Kind ein balanciertes und ausgeglichenes Quantum Zeit jeweils mit den irdischen Vertretern des Vater/Mutter-Gottes verbringen kann. Da die Regierung alles zum Leben notwendige bereitstellt, besteht der Tempel darauf, dass dies praktisch eine Bedingung für die Eltern ist.

Das neugeborene Kind in Telos wird tatsächlich bald nach der Geburt zehn Paare Paten-Eltern erhalten. Dies hat viele Vorteile. In Telos wird ein Kind mit zwanzig zusätzlichen hingebungsvollen Elternfiguren, die es durch seine frühen Jahre geleiten, niemals das Gefühl haben, es bekäme nicht genügend Aufmerksamkeit. In der Regel wird es so eingerichtet, dass alle zehn Paten-Elternpaare selbst neugeborene Kinder haben. Auf diese Weise werden Einzelkinder immer stellvertretende Brüder und Schwestern haben, mit denen sie spielen können und Umgang haben. Wenn das Kind aufwächst, wird es immer Zeiten geben, in denen es bei jedem einzelnen Paten-Elternpaar lebt.

Dadurch entsteht ein unterbewusstes Wissen, dass Vater/Mutter-Gott immer gegenwärtig ist, indem ihnen so viel Liebe aus unterschiedlichen Quellen zukommt. Die Kinder lernen schon von klein auf, dass sie immer geliebt werden, dass man sich um sie kümmert und dass sie versorgt werden.

Die Kinder beginnen im Alter von 3 Jahren mit der Schule und ihre Grundausbildung geht weiter, bis sie 18 sind. Zwischen 3 und 5 Jahren erhalten sie an 5 Tagen in der Woche ein halbtägiges angeleitetes Spiel, das darauf ausgerichtet ist, grundlegende soziale und künstlerische Fertigkeiten zu entwickeln. Grundlagen, wie zum Beispiel Farben und Zahlen, werden in fröhlichem Spiel gelehrt. Ab 5 Jahren sind sie den ganzen Tag in der Schule, so wie es bei Schulen in eurer Zivilisation ist.

Die Sprache, die in der Schule gelehrt wird, ist natürlich Lemurianisch, da Telos eine lemurianische Kultur ist. Die lemurianische Sprache entspringt der universalen Sprache unserer

Galaxie, die bekannt ist als „Solara Maru". Andere planetare Wurzelsprachen wie Sanskrit, Hebräisch und Ägyptisch führen in ihrer Spur ebenfalls auf Solara Maru zurück. Während die englische Sprache für Schüler nicht verpflichtend ist, wird sie als optionale Zweitsprache gelehrt. Natürlich ist es erwünscht, dass unsere Leute Englisch lernen und fast jeder tut das auch, weil Telos geographisch gesehen in einem englischsprachigen Land gelegen ist und auch weil die Radio- und Fernsehprogramme der Oberfläche zu unserem Vergnügen aufgezeichnet werden!

Alle Schreibtische der Kinder sind mit Computern ausgestattet, die sie mit der universellen Energie und dem Informations-Gitternetz verbinden. Da unser Computernetzwerk von Aminosäuren – einer lebendigen Kraft – betrieben wird, greift es auf die Akasha-Aufzeichnungen und auf höhere Elemente der Christus-Direktive zu und kann nicht zerstört werden. Zuverlässig liefert es geschichtliche Information, die akkurat und wahrheitsgetreu ist.

Die Lehrer in allen Schulen von Telos sind ausgebildete Melchizedek-Priester und -Priesterinnen. Wenn die Jugendlichen von Telos ein Alter erreicht haben, in dem sie ernsthaft Unfug treiben könnten – so in etwa im Alter von 12 Jahren – und wenn sie mehr Zeit zusammen mit anderen Altersgenossen brauchen, treten sie in eine Gemeinschaft ein, die als „die Gruppe" bezeichnet wird. Diese Gruppe ist eine Schwesternschaft/Bruderschaft von Gleichaltrigen. In gängigen Gruppen, die aus zehn bis zwanzig Jugendlichen bestehen, erleben die Kinder alle Wunder der Pubertät und Reifezeit zusammen. Bestehend aus einer gleichen Anzahl Jungen und Mädchen formt die Gruppe einen Halt, der sie in das Erwachsensein und noch darüber hinaus begleitet. Ein/e Melchizedek-Priester/in aus dem Tempel wird ausgewählt, um die Gruppe fast wie ein Hüter durch die verschiedenen Stadien des Wachstums zu führen. Die Gruppenstruktur findet auch im schulischen Prozess Anwendung und das gesamte Lernen wird gemeinsam erfahren.

Die Mitglieder der Gruppe werden zusammen all die verschiedenen Belange der Reifung erfahren, miteinander teilen, sie diskutieren und mit ihnen experimentieren und durch sie wachsen. Die „Gruppe" ist besonders wirkungsvoll bei der Handhabe des klassischen Teenager Problems der Verstimmung. Diese Angelegenheit aktiviert normalerweise jeden Einzelnen dahingehend, einen kreativen Ausweg für das Problem zu finden. Die Gruppenmitglieder werden in der Regel enge Freunde fürs Leben und begegnen gemeinsam allen Meilensteinen des Lebens und teilen sie miteinander.

Im Alter von 18 Jahren und mit dem Abschluss der Grundausbildung wählt der/die Einzelne dann die Richtung, in der er/sie die nächsten Jahre gehen will. Eine Option, die ihnen immer zur Verfügung steht, sind weitere Studien auf dem Gebiet ihrer Wahl. Breit gefächerte Aufzeichnungen von weit entwickelten Zivilisationen sind in den Archiv-Kristallen in den Bibliotheken von Telos gespeichert. Manchmal, wenn auch nicht allzu häufig, wird ein Teenager sich auch dafür entscheiden, direkt in den Melchizedek Tempel zu gehen und eine spirituelle Ausbildung als Tempel-Novize zu beginnen.

Eine andere Option ist, direkt in den Dienst der Silber-Flotte einzutreten, bei der es sich um die Flotte der telosianischen Raumschiffe handelt. Da alle unterirdischen Städte aktive Mitglieder der Konföderation sind, ist jeder in Telos lebende Einwohner verpflichtet, einen mindestens 6-monatigen Dienst in der Silberflotte zu leisten. Es gibt Dutzende Flotten, die in diesem Sektor der Galaxie dienen. In unserem Sonnensystem sind die vorwiegend aktiven Flotten die Silberflotte, die Amethystflotte und die Regenbogenflotte. Unter diesen Dreien ist die Silberflotte hauptsächlich mit Wesen versehen, die auf dem Planeten Erde geboren wurden – meist in Telos und Posid (der atlantischen Stadt, die unterhalb von Mato Grosso in Brasilien liegt).

Die Mehrheit der Scoutschiffe – eher bekannt als UFOs, die ihr an euren Himmeln seht – sind Scoutschiffe aus Telos und Posid. Viele Telosianer setzen ihre Karriere nach dem Pflichtdienst in der Silberflotte fort, während andere einfach ihr Soll erfüllen und sich dann in andere Dienste begeben.

Eine weitere Option der Graduierung wäre, sofort eine Ausbildung für Lebensarbeit in Telos anzufangen. Von den jungen Erwachsenen wird dann erwartet, dass sie in die allgemeine Struktur der telosianischen Gesellschaft eintreten. Jeder Einwohner von Telos ab einem bestimmten Alter beginnt damit, sich an den täglichen Arbeitseinsätzen zu beteiligen. An 5 Tagen der Woche sind 4 bis 6 Stunden dem täglichen Arbeitseinsatz gewidmet; dies hält die Stadt in Betrieb. Jeder kann wählen, wo er seine Energie einbringen möchte, dies vermeidet Eintönigkeit und schafft statt dessen Enthusiasmus. Wenn zum Beispiel ein junger

Teenager die Erde, Pflanzen und Blumen liebt, kann er in den Hydrokulturgärten arbeiten und somit helfen, die Stadt reichhaltig mit Obst und Gemüse zu versorgen. Wenn ein junges Mädchen den starken Wunsch hat, Tänzerin zu werden, kann sie in den Tempel gehen und von den Tempeltänzerinnen ausgebildet werden. Andere Möglichkeiten beinhalten Kommunikation, Transportwesen, Kochen, Manufaktur, Haushaltsarbeit etc. Im Alter von 18 Jahren beginnen unsere Kinder den Tanz mit dem Leben!

Ich bin Adama, stets an eurer Seite.

8. Kapitel

Der Tempel der Vereinigung

Adama und Ahnahmar

Grüße und Segnungen, meine Geliebten, hier ist euer Freund Adama. Ich bin heute hier mit Ahnahmar, einer unserer Älteren aus Telos, der hier seit Beginn unseres Lebens im Untergrund vor etwa 12.000 Jahren wohnt. Ahnahmar hat schon über 2.000 Jahre lang vor dem Verlust unseres Kontinent auf der Oberfläche gelebt und hat den selben jugendlichen Körper nun eurer Zeitrechnung gemäß etwa 14.000 Jahre lang aufrecht erhalten. Er ist sehr groß, energiegeladen und gutaussehend, und er sieht aus, als sei er um die 35 Jahre alt oder sogar noch jünger.

Während der Zeit Lemurias haben Ahnahmar und seine Zwillingsflamme einen Tempel von wundervoller Schönheit mit dem Namen „Der Tempel der Vereinigung" gebaut. Der Tempel wurde gebaut, um die Liebe und die Vereinigung von

Zwillingsflammen zu ehren. Ahnahmar und seine Zwillingsflamme sind seit jeher die Hüter dieser unauslöschlichen Flamme unsterblicher Liebe für den Planeten. Ich trete nun zurück und bitte Ahnahmar fortzufahren.

„Seid gegrüßt, ich bin Ahnahmar. Segnungen und Liebe für alle, die diese Botschaft lesen werden. In der Zeit Lemurias teilten die meisten Männer und Frauen ihre Leben mit ihren geliebten Zwillingsflammen. Dieser majestätische Tempel war der Ort, an dem die Hochzeitszeremonien stattfanden. Die Paare schmückten sich mit großer Schönheit und Eleganz um ihre „Vereinigung“ mit den Energien der unauslöschlichen Flamme unsterblicher Liebe zu heiligen. Obwohl diese Flamme auf der Oberfläche mit dem Sinken Lemurias verloschen ist, wurde sie in diesem Tempel der Vereinigung, der bei der Zerstörung des Kontinents in die 4-dimensionale Schwingung angehoben wurde, bewahrt.

Dieser Tempel existiert noch immer bis zum heutigen Tag in der Gegend nahe Mount Shasta an dem selben Ort, an dem er früher war und er schwingt jetzt in 5-dimensionaler Frequenz. Obwohl seine frühere physische Struktur in eurer 3. Dimension nicht mehr existiert und in eurer Realität nicht gesehen werden kann, seid versichert, dass er für uns sehr real und berührbar ist. Der Tempel ist aktiv und erfüllt bis heute alle Funktionen, zu deren Ausübung er bestimmt war, seit dem Tag, an dem er erbaut wurde. Dieser Tempel befindet sich in der kristallinen Lichtstadt, die im Äther in der Gegend von Mount Shasta existiert und er dehnt sich im Durchmesser über annähernd 64 km aus. Euch wurde versprochen, dass diese wundervolle lemurianische Stadt schließlich in einen physischen Ausdruck abgesenkt wird und viele von euch werden in der Lage sein, sie zu sehen und einzutreten. Ihr fragt, wann dies geschehen wird. Der genaue Zeitpunkt ist sogar uns noch unbekannt. Wir schätzen, dass es gegen Ende dieses Jahrzehnts der Fall sein wird. Wenn dies geschieht, wird der Tempel mit allen anderen Wundern, welche die Kristallstadt bereithält, denen zugänglich sein, die seiner Schwingung in ihrer spirituellen Entwicklung entsprechen.

Aurelia, die ihr als Louise Jones kennt und die in der Zeit Lemurias mit diesem Tempel zu tun hatte, entdeckte vor ein paar Jahren die Lage dieses Tempels, während sie lange Spaziergänge im Radius von ein paar Meilen um ihr Heim herum in der Gegend von Mount Shasta unternahm. Zuerst hatte sie das Gefühl, dass dies ein sehr spezieller Ort sei, konnte aber das Mysterium nicht entschleiern. Aus ihr unbekannten Gründen fühlte sie sich häufig dazu hingezogen, bei ihren Spaziergängen und Meditationen in unsere Gegend zurückzukehren. Mehrmals die Woche beobachteten wir sie, wie sie den Hügel hinauflief. Dies war immer mit Entzücken und Freude verbunden, besonders das erste Mal, als wir sie kommen sahen. Wir warteten geduldig auf den Tag, an dem wir direkter mit ihr kommunizieren konnten. Ihrem äußeren Verstand nicht bewusst, erhielt sie auf innerer Ebene jedes Mal, wenn sie kam, ein warmes Willkommen mit viel Aufmerksamkeit, Liebe und Umarmungen von uns.

Es sind mehrere tausend Jahre vergangen, seit wir die Gelegenheit hatten, an diesem Ort bewusst mit einer Person von der Oberfläche zu kommunizieren. Es gibt diejenigen, die in dieser

Gegend leben und die auch gelegentlich zu Spaziergängen auf diesen Hügel kommen, aber niemand von ihnen hatte jemals das leiseste Bewusstsein darüber, was dieser Ort darstellt. Mehr Klarheit über die Natur ihres Lieblingsplatzes, für den sie so eine starke Anziehung empfand, wurde letztendlich unserer Freundin Aurelia zuteil. Ihre Liebe und ihre große Achtung für die Heiligkeit dieses Ortes erlaubte es uns, dass wir uns ihr gegenüber offener zeigen konnten und ihr ein größeres Maß ihrer früheren Verbundenheit mit uns in diesem heiligen Tempel zu enthüllen.

Aurelia hat kürzlich an diesem Ort eine Hochzeits-Zeremonie durchgeführt und unsere gesamte Anwesenheit und die Präsenz der Lichtreiche enthüllt. Es war das erste Mal seit dem Untergang Lemurias, dass in der physischen Oktave eine Hochzeits-Zeremonie direkt an dem Ort stattgefunden hat, an dem unser 5-dimensionaler Tempel liegt. Dies war ein höchst freudiger Moment für uns und wir haben unsere volle Unterstützung angeboten. Ich, Ahnahmar, bin während der Zeremonie vollständig mit Aurelia verschmolzen.

Für ihre äußere Wahrnehmung unbewusst, hat sie sich zu dieser Zeit für eine wundervolle Erfahrung bereitgestellt. Ihrer inneren Führung folgend, hat sie diesen speziellen Ort einem Zwillingsflammen-Paar vorgeschlagen, die sie darum baten, ihre Hochzeits-Zeremonie zu vollziehen. Die Telosianer, gemeinsam mit dem Lemurianischen Rat und den Wesenheiten der Lichtreiche, waren über dieses Ereignis sehr glücklich. Buchstäblich hunderttausende von uns, gemeinsam mit den Millionen aus den unsichtbaren Reichen, besuchten diese Hochzeit in ihren ätherischen Körpern. In gewisser Hinsicht war es gut, dass sie uns nicht alle sehen konnte, denn das hätte sehr einschüchternd wirken können in Anbetracht der Vielzahl an Besuchern. Es schien, dass alle aus Telos und den Lichtreichen da waren und der Reaktivierung der Liebesflamme von Zwillingsseelen in unserem Tempel in der physischen Oktave Beifall zollten.

Erst nach der Hochzeit enthüllten wir ihr mehr Information über die wahre Natur des Tempels und die wundervolle Aktivierung, die für den Planeten während der Zeremonie stattgefunden hatte. Indem sie ihrem Herzen und der inneren Führung folgte, waren wir amüsiert zu sehen, wie sie für uns die Gelegenheit bereitstellte, diese wundersame Öffnung auf der physischen Ebene zu erschaffen. Das Szenario, auf das wir so lange gewartet hatten, entfaltete sich in perfekter Sequenz, ohne dass sie auch nur einen Schimmer davon hatte, was wirklich bei der Hochzeits-Zeremonie geschah. Auch dies ließ uns alle lächeln.

Viele von euch haben erfahren, dass eheliche Beziehungen oft verheerend sind und mehr Stress und Enttäuschung bringen als Freude und anhaltendes Glücklichsein. Der Grund dafür ist, dass stressige Beziehungen eher auf Dualität basieren als auf der Einheit göttlicher Liebe. Wenn eine Beziehung nicht auf dieser Einheit basiert, kann sie nie das Sehnen des Herzens erfüllen, das ihr so tief in euch gespürt habt.

Erlaubt mir nun, euch ein bisschen zu unterrichten. Als Hüter der unauslöschlichen Flamme der Liebe habe ich eure Beziehungen auf der Oberfläche eine lange Zeit beobachtet. Für diejenigen, die ihre/n Geliebte/n irgendwo außerhalb von sich selbst suchen, lasst mich sagen, dass dies nicht der Weg ist, auf dem sie/er zu euch kommen wird. Eure/euer Geliebte/r ist auch ein Teil von euch selbst. Er oder sie mag einen Körper in der äußeren Welt haben, aber die-/denjenigen zu treffen, wenn man noch nicht vollständig für diese Einweihung bereit ist, kann etwas heikel werden. Es ist nicht immer zu eurem Besten, weil die Erfahrung der 3. Dimension nicht immer diese Vereinbarkeit von Charakter und Geist bietet, es sei denn, beide Parteien haben den gleichen Stand an Bereitschaft und Entwicklung erreicht. Hört mir gut zu, ihr Lieben.

Sucht die Eine / den Einen zuerst in euch, in jeder Zelle und jedem Atom eures Herzens und eurer Seele. Beginnt zuerst eine Beziehung im Bewusstsein der Einheit mit euch selbst. Es ist alles da und erwartet eure Aufmerksamkeit. Euer göttliches Gegenstück lebt ebenso in euch. Die Beziehung, die ihr sucht, ist nichts anderes als die Reflexion eurer direkten Beziehung mit eurem eigenen göttlichen Selbst. Wenn ihr lernt, euch selbst zu lieben, mit allen Aspekten eurer Essenz, in jedem Aspekt eurer Göttlichkeit, jedem Aspekt eurer menschlichen Erfahrung, dann wird göttliche Liebe für das Selbst der Regent eures Herzens und Lebens und ihr werdet nicht länger anderswo suchen. Ihr werdet wissen, dass ihr „es" gefunden habt. Es kommt nicht darauf an, welche Form „es" annimmt, euer Herz wird sich vollständig und vollkommen zufrieden fühlen.

Auf dieser Stufe der Entwicklung eures spirituellen Lebens kann der Spiegel dieses Stadiums perfekter Liebe für das Selbst nichts anderes tun, als sich selbst berührbar in eurem Leben zu manifestieren. Dies ist göttliches Gesetz und kann euch nicht verfehlen. Wenn ihr „es“ in eurem Leben noch nicht manifestiert habt, bedeutet dies, dass ihr entweder noch nicht bereit dafür seid oder dass ihr euch auf den inneren Ebenen entschieden habt zu warten. "Es" wird im göttlichen Zeitrahmen in eurem Leben geschehen und jegliche Phase des Wartens darauf wird euch nichts ausmachen, weil ihr wisst, dass ihr euch in eurem Herzen bereits mit dem „Objekt“ eures Sehnens und eurer Liebe vereinigt habt. Wenn ihr erst einmal diesen Zustand göttlicher Liebe in eurem Herzen erreicht habt, kann nichts von euch ferngehalten werden, nicht einmal eure Zwillingsflamme.

Darf ich euch im Namen der göttlichen Liebe vorschlagen, dass ihr nun beginnt, nach eurer/eurem Geliebten in eurem eigenen Selbst zu suchen? Dies ist der schnellste Weg, wieder mit seiner Zwillingsflamme vereint zu sein. Ihr braucht keine Anzeigen in der Zeitung aufgeben, um sie/ihn zu finden oder etwa in Single-Clubs gehen. Er oder sie wird euch buchstäblich in den Schoß fallen und ihr werdet es nicht verhindern können.

Mögt ihr alle eure Prüfungen im Annehmen göttlicher Liebe bestehen! Es ist mir ein Vergnügen, euch einzuladen, nachts in meinen Tempel zu kommen, in dem ich Kurse für diejenigen gebe, die sich wieder mit ihren Zwillingsflammen vereinigen wollen. Ich biete nicht an, ein Ehevermittler zu werden, wie ihr es in eurer Sprache nennt. Wir sind bereit, euch bei der Wiederverbindung mit jenem wunderbaren Teil des Selbst zu assistieren, den ihr vor langer Zeit preisgegeben habt; mit dem einen Teil, der eure/n Geliebte/n und alles andere anziehen wird, was ihr euch in eurem

Leben wünscht. Wir werden eure/n Geliebte/n nicht „für" euch anziehen, aber wir werden euch zeigen, wie ihr dies für euch selbst tun könnt. Wir werden euch die wahre Bedeutung des Begriffes „Göttliche Vereinigung" lehren.

Bittet eure Geistführer, bevor ihr nachts schlafen geht, euch zum Tempel der Vereinigung zu bringen, um unsere Kurse zu besuchen. Meine Mitarbeiter und ich werden da sein, um euch zu empfangen. Ich verspreche euch, dass wir eine wunderbare gemeinsame Zeit verbringen werden. Wenn ihr euch nicht daran erinnert, macht euch nichts daraus. Indem sich der Schleier lichtet, werden sich viel mehr von euch an diese erfreulichen nächtlichen Abenteuer erinnern.

Ich bin Ahnahmar, der Hüter des Tempels der unauslöschlichen Flamme unsterblicher Liebe.

Ehen in Telos

Viele von euch fragen sich, wie wir unsere Liebesbeziehungen in Telos betrachten und ob wir Ehen und Familien haben, so wie ihr auf der Oberfläche.

Da wir sehr lange leben und das Potenzial für große Familien hoch ist, ist sorgsame Planung zum Wohle aller von äußerster Wichtigkeit. Anders als bei der Bevölkerung auf der äußeren Erde, ist es in Telos niemandem erlaubt, eine Familie zu gründen, bevor er nicht die entsprechende Reife und Fähigkeit erlangt hat, einen derart wichtigen Schritt zu tun.

Wir lassen nicht zu, dass sozusagen 'Kinder' Kinder gebären, wie ihr das in der 3. Dimension tut.

Wir haben zwei unterschiedliche Arten von Ehen in unserer Gesellschaft. Die erste Art ist eine Art Bündnis auf Probe, in der zwei Menschen, die sich in Liebe zueinander hingezogen fühlen, sich entscheiden, in einem „Probe-Bündis" zusammenzuleben, einer Vereinigung, die nicht notwendigerweise als dauerhaft betrachtet werden muss. Sie heiraten und leben zusammen, um voneinander und miteinander zu lernen, um gemeinsam zu reifen, Lebenserfahrung zu sammeln und sich aneinander in jeder Hinsicht zu erfreuen. Und dies praktizieren sie nur so lange, wie sie beide zutiefst glücklich und zufrieden in dieser Beziehung sind. Es besteht keine Verpflichtung des Zusammenbleibens und daher sind solche Beziehungen nicht automatisch eine lebenslange Bindung.

Paaren, die in einem solchen Probe-Bündnis leben, ist es nicht gestattet, Kinder zu haben. Das Aufziehen von Kindern ist nicht das vorrangige Ziel solcher Ehen. Diese Ehen können eine Dauer von wenigen Jahren bis zu einigen hundert Jahren oder länger haben. Geburtenkontrolle ist bei uns kein Thema. Die Geburt eines Kindes wird als ein sehr kostbares und großes Ereignis für die hereinkommende Seele angesehen und ein Kind oder Baby wird nur auf eine "Einladung" hin empfangen. So etwas wie ungewollte Schwangerschaften gibt es in unserer Gesellschaft nicht. Eine Frau in Telos wird nur aus der Absicht heraus schwanger, und auch das erst nach ernsthaften und gut geplanten Vorbereitungen. Sexuelle Vereinigungen allein manifestieren so lange keine Schwangerschaft, bis eine Einladung an eine spezielle Seele existiert. Das Problem in eurer Gesellschaft mit unerwünschten Schwangerschaften durch sexuelle Vereinigung ist das Resultat einer verzerrten genetischen Mutation. Und auch dies wird heilen, wenn eure DNS-Codierung wieder durch das Annehmen bedingungsloser Liebe zum Selbst und zu allen Lebensformen vollständig wiederhergestellt wird.

In einer "Probe-Ehe" können Paare ihre Beziehung jederzeit beenden, wenn sie dies wünschen, ohne Schmerz und ohne gegenseitige Verpflichtungen und dann können sie eine neue Beziehung eingehen, wenn sie möchten. Auf diese Weise bleibt niemand aus falschen Gründen in einer Beziehung, wie es das bei euch auf der Außen-Erde gibt. Jedes Paar in Telos ist sehr glücklich, da es keinen Grund gibt zusammenzubleiben, wenn es nicht tiefe Liebe und Befriedigung in ihrem Zusammensein gibt. Diese Ehen werden als Teil der vielen Erfahrungen betrachtet, die das Leben und die Evolution zu bieten hat. Wenn ein Paar das Gefühl hat, am Abschluss seiner gemeinsamen Zeit angekommen zu sein, danken beide einander für diese Zeit, die sie auf ihrem Lebensweg miteinander verbracht haben und gehen dann ihrer Wege; sie bleiben danach für immer gute Freunde. Alles, was sie tun müssen, ist, den Lemurianischen Rat von Telos um Auflösung ihrer Probe-Ehe zu bitten und dies wird immer gewährt, ohne irgendwelches Drama.

Für uns alle uns wäre es undenkbar, das Verharren in einer Beziehung in Betracht zu ziehen, in der es nicht vollkommene Harmonie,Erfüllung und einen tiefen Sinn gibt.

Unser zweiter Typ Ehe ist eine „verpflichtende oder Heilige Ehe". Nur in dieser Form der Ehe ist es Paaren gestattet, Kinder zu haben und darum zu bitten, eine neue Seele in die Gemeinschaft hineinbringen zu dürfen. Nachdem ein Paar mehrere Jahrzehnte oder ein paar hundert Jahre in so einem „Probe-Bündnis" gelebt hat, mag es der Ansicht sein, dass jetzt beide so viele Erfahrungen miteinander gesammelt haben, dass sie mit absoluter Sicherheit wissen, dass ihre Liebe füreinander makellos und dauerhaft ist. Sie mögen dann den Wunsch haben, ihre Ehe in eine lebenslange gegenseitige Verpflichtung umzuwandeln.

Da wir unsterblich geworden sind, bedeutet eine lebenslange Verpflichtung für uns in unserer Gesellschaft normalerweise eine sehr lange Zeit, die sich über tausende von Jahren erstrecken kann. In einer verpflichtenden Ehe gibt es nicht länger die Option der Auflösung der Ehe oder Scheidung, wie ihr das nennt. Deshalb muss sich ein Paar – auch wenn es bereits seit langer Zeit in einer Probe-Ehe lebt - seiner Entscheidung schon sehr sicher sein, bevor es den Schritt in eine permanente Beziehung wagt. Die Partner bleiben dann so lange zusammen, bis einer von beiden oder auch beide gleichzeitig den Zustand erreicht haben, dass sie sich auf eine nächst höhere Ebene der Evolution oder des Dienstes weiterbewegen. In diesem Fall verlässt einer oder auch beide Telos, um den Planeten oder die neue gewählte Schwingungs-Ebene aufzusuchen. So etwas geschieht jedoch erst nach sehr langer gemeinsamer Lebenszeit und nachdem ihre Ursprungsfamilie um einige Generationen weitergereift ist.

In dieser Art Ehen können ein, zwei oder manchmal drei Kinder geboren werden. Die Schwangerschaft der werdenden Mutter dauert nur 12 Wochen. Da das Paar bereits sehr lange in einer Probe-Ehe zusammengelebt hatte, konnten beide in dieser zurückliegenden Zeit alles nach ihren Wünschen tun und bewältigen und als Paar ihre Erfahrungen miteinander sammeln. So sind sie nun bereit für den nächsten Schritt, da sie genügend Reife und Wissen erlangt haben, um sich dem Privileg und der Ehre einer Familiengründung würdig zu erweisen, wenn sie den Wunsch danach haben.

Nur unseren reiferen und weiter entwickelten Gesellschafts-mitgliedern wird das Privileg zugestanden, Kinder zu zeugen, edlen und fortgeschritteneren Seelen zur Geburt zu verhelfen und so zum Fortbestand einer erleuchteten Zivilisation beizutragen.

In unserer Gesellschaft gibt es weder Waisenkinder, noch Kinder, die weggegeben werden oder mit den Schwierigkeiten aufwachsen, denen sich ein allein erziehendes Elternteil in eurer Gesellschaft gegenübersieht. Unser Familienleben ist so sorgfältig und weise geplant, dass unsere Kinder nie derartige Traumata erleiden müssen, wie etwa 'unerwünscht' zu sein oder vernachlässigt oder gar missbraucht zu werden. Bei uns gibt es keine Kinder, die Kinder großziehen müssen. Jedes Kind wird als kostbares Geschenk Gottes betrachtet; es wird geliebt und das nicht nur seitens der Eltern, sondern auch von der gesamten Gesellschaft. Unsere Zivilisation ist sich der Heiligkeit der Rolle, Kinder in die Welt zu setzen, vollkommen bewusst und dieses Unterfangen wird niemals auf die leichte Schulter genommen und nie ohne angemessenes Training begonnen. Wir beten darum, dass ihr auf der Oberfläche bald damit beginnen werdet, das Aufziehen von Kindern in einem erleuchteteren Ausmaß und mit größerer Verantwortlichkeit zu ehren.

Beziehungen und Sexualität in Telos

Adama, kannst du bitte über Beziehungen zwischen Mann und Frau in Telos sprechen. Wie gehen Menschen in Telos mit der Sexualität um? Wie können Menschen in der 3. Dimension diese Art Beziehung weiterentwickeln?

Seid gegrüßt, ihr Geliebten!

Es ist wirklich eine große Freude für mich und mein Team wieder einmal Zeit in eurem Energiefeld zu verbringen, während ihr diese Worte lest. Es ist einer unserer großen Herzenswünsche, euch ein größeres Verständnis der göttlichen Gesetze und ihrer Anwendungen zu vermitteln.

Unsere Art Lebensausdruck in Telos unterscheidet sich nicht wesentlich von dem anderer galaktischer Gemeinschaften in diesem Sonnensystem und diesem Universum. Obwohl andere Zivilisationen einen etwas anderen Lebensausdruck haben mögen als wir, leben wir doch alle mit der Anwendung der universellen Gesetze, die für alle gleich sind. Wie sich das Leben von Zivilisation zu Zivilisation gestaltet, mag mehr oder weniger variieren, aber die Kernprinzipien gelten für alle. Ihr könnt dies "Einheit" oder "universelles Bewusstsein" nennen.

Unsere Beziehungen und unser sexueller Ausdruck in Telos reflektieren ein Bewusstsein, das viel weiter entwickelt und viel gereifter ist, als eures in eurem Verständnis der verschiedenen Formen von Liebe. Um damit zu beginnen, die Voraussetzung für Beziehungen ist „die Vereinigung" im Annehmen der Erfahrung göttlicher Liebe. In eurer Dimension sind Beziehungen seit sehr langer Zeit auf dem Bewusstsein der Dualität aufgebaut. Nun seid ihr, ihr Lieben, dieser Art von nicht funktionierenden und nicht herzerfüllenden Beziehungen sehr müde geworden.

Eure Beziehungen haben größtenteils eure verschiedensten Ebenen des Schmerzes und der Sehnsucht der Herzen verursacht. Ihr sehnt euch nun sehr tiefgreifend danach, ein weiseres Verständnis von Beziehung zu gewinnen. Viele von euch erwachen nun aus der Realität ihrer verzerrten Programmierungen, die sie in Bezug auf Beziehungen haben und sie öffnen ihre Herzen der Ausbalancierung männlicher und weiblicher Polaritäten innerhalb ihres Seins.

Zuallererst, werdet euch darüber bewusst, dass alles bei euch selbst anfängt. Euer signifikantes Gegenüber ist nichts anderes als ein Spiegel für euch, mit dem ihr euch weiterentwickeln und von dem ihr lernen könnt. Niemand kann euch mehr lieben als ihr euch selbst lieben könnt. Noch könnt ihr jemals einen anderen Menschen im Sinne wahrer Liebe mehr lieben, als ihr euch selbst lieben könnt. Denkt darüber nach.

Wann immer ihr nach jemandem sucht, der euch die Liebe geben soll, die ihr nicht willens seid, euch selbst zu geben, erschafft ihr Bedürftigkeit.

Ihr verkörpert nicht die entsprechende Balance, die für euch die Art Partnerschaft anziehen wird, nach der ihr euch sehnt. Die Beziehung, nach der ihr euch so sehnt, basiert dann auf Bedürftigkeit anstelle von Einheit. Dies, meine Freunde, wird nie funktionieren; zumindest nicht sehr lange. Erinnert euch daran, dass in einer unausgeglichenen Partnerschaft sich beide Partner diese Ungleichgewichte der Bedürftigkeit, des Besitzenwollens, der unrealistischen Erwartungen, der Kontrolle, der Manipulation usw. spiegeln. Ihr kennt diese ganze Litanei der Klagen über Beziehungen in eurer Dimension viel besser als wir.

Wann immer zwei Menschen ganz und vollständig in sich selbst ruhen - mit einem Gleichgewicht zwischen ihren femininen und maskulinen Energien - lieben sie sich selbst so sehr, dass sie niemand anderen benötigen, um ihre emotionalen Bedürfnisse zu erfüllen. Sie fühlen sich ganz, glücklich und erfolgreich. Sie sind in der Lebensfreude – mit oder ohne Partner. Sie fühlen weder Mangel an Liebe noch die Leere in sich, die jene spüren, die bedürftig sind und unbalanciert.

Wenn diese Balance erreicht ist, dann erst und nur dann, wird die ICH BIN - Präsenz eures Seins den Ruf nach der richtigen Beziehung in eurem Leben aussenden; und auch nur dann, wenn es euer Wunsch ist und eurer gegenwärtiger Weg. Diese „göttliche Vereinigung" mit der Zwillingsflamme eures Herzens kann sich in eurem Leben nur durch die Intervention eures Höheren Selbst manifestieren.

In Telos ehren wir uns selbst in dem Ausmaß, dass keiner von uns jemals eine Beziehung akzeptieren oder eingehen würde, die auf allen Ebenen zu weniger als 100 % erfüllend ist.

In unserer Gesellschaft betrachten wir uns alle als gleichgestellt und wir ehren unsere gegenseitige Göttlichkeit und den Seelenweg. Obwohl sich eure Gesellschaft stetig ändert und sich die Frauen ihrem weiblichen Potenzial als gleichberechtigte Partner öffnen, gibt es immer noch zu viele von euch Frauen, die Ungleichbehandlung ebenso wie verbalen und physischen Missbrauch tolerieren. Zu viele von euch fühlen sich noch nicht wert, geliebt zu werden und ihr toleriert Schläge, Ausbeutung und Verletzung eurer Integrität und Freiheit. Zu viele von euch denken immer noch, dass es *das* ist, was sie verdienen oder nehmen missbrauchende Beziehungen sogar als normale Form des Lebens wahr. Selbst in den USA existiert dieses Bewusstsein noch für viele. Und es existiert auf weitaus tragischere Art und Weise in mehreren Ländern auf dem Planeten, in denen Frauen absolut keine Rechte haben. Ihr wisst, was ich meine und wo dies geschieht; ihr habt es in euren Zeitungen gelesen und in den Fernsehnachrichten gesehen.

In unserer Gesellschaft und in allen höher entwickelten Gesellschaften betrachten Männer und Frauen einander als zwei Aspekte Gottes. Die Frauen repräsentieren die Aspekte der göttlichen Mutter und die Männer stellen die Aspekte des göttlichen Vaters dar. Bei Ehepaaren sind Liebe und Respekt immer vorhanden. Das bedeutet nicht, dass sie immer einer Meinung sind, aber, selbst wenn es eine Differenz bezüglich Wünschen oder Perspektiven gibt, ehren sie den Standpunkt des anderen und geraten darüber nicht in Kampf oder Streit. Sie haben nicht diese Anhaftung des Rechthabens oder nicht Rechthabens und sie lieben einander nicht weniger, nur weil sie über eine Perspektive unterschiedlicher Ansichten sind.

Ehepaare verbringen soviel Zeit miteinander, wie sie möchten. Sie haben alle Zeit, die sie haben wollen, um sich zu nähren, zu lieben und einander ihre Wertschätzung als Partner zu zeigen. Weil wir schätzungsweise nur 20 Stunden in der Woche arbeiten und die restliche Zeit über frei entscheiden können, was wir tun möchten, haben Ehepaare viel Zeit, Freude aneinander in ihrem Zuhause zu haben und auch bei den vielen sozialen und künstlerischen Zusammenkünften unserer Gemeinschaft. Sie sind niemals unter Zeitdruck, was das gegenseitige Nähren auf viele kreative Weisen betrifft. Sie lieben es, sich gegenseitig mit kleinen Aufmerksamkeiten zu verwöhnen, mit Zärtlichkeit und Zuneigung. Sie drücken ihre Sexualität und Intimität miteinander aus, so oft sie das möchten und immer in schöner, entspannter Atmosphäre.

Beziehungen in Telos sind nicht den physischen Härten des Überlebens und der finanziellen Schwierigkeiten unterworfen, mit denen ihr euch in eurer Gesellschaft auseinandersetzen müsst. Beziehungen zwischen Mann und Frau haben nicht den Stressfaktor, den ihr habt und es ist leichter, die Liebe und Harmonie zwischen Ehepaaren aufrechtzuerhalten. Auf Grund unserer Liebe, unserem reifen Bewusstsein und der Ehre, die wir der Erde erweisen, existiert ein konstanter Strom der Lieferungen aus dem Universum, um alle unsere Bedürfnisse zu stillen. Darauf bewegt ihr euch auch in sehr naher Zukunft zu.

Wir müssen kein Geld verdienen, um Miete zu zahlen oder um Kinder zu ernähren, Arztrechnungen oder Steuern zu bezahlen. Alle Notwendigkeiten des Lebens sind für jeden hier kostenlos. Die Tyrannei in eurer Welt wird bald ein Ende haben, hoffentlich in den nächsten 10 bis 12 Jahren und euer alles überlagernder Stress wird sich in hohem Maß vermindern.

Erzähle uns etwas über Beziehungen von jungen Erwachsenen oder Teenagern

Experimentelle Beziehungen sind auch gestattet, wenn unsere jungen Leute ein bestimmtes Alter erreichen und ihre sexuellen Hormone aktiv werden. Wir zwingen sie nicht, diese natürlichen Wünsche zu unterdrücken. Wenn sie das Alter von 13 oder 14 erreichen, dürfen sie miteinander unter Aufsicht der Priesterschaft mit der Sexualität experimentieren. Diese weisen Lehrer bereiten unsere Jugend darauf vor, Sexualität mit Reife und Verantwortung auszudrücken. Dann dürfen sie alleine weiterschreiten und erfahren, was sie gelehrt bekamen. Ihre Sexualität wird immer mit purer Freude und gegenseitigem Entzücken aneinander ausgedrückt. Letztendlich vermindert sich ihr jugendliches Bedürfnis, Erfahrungen mit mehr als einem Partner zu sammeln, bis der reife Wunsch nach einer festen Beziehung entsteht. In dieser Hinsicht sind unsere jungen Erwachsenen in Telos also frei als Teil ihres Reifungsprozesses mit ihrer Sexualität zu experimentieren.

Es kommt eine Zeit, in der zwei Seelen, die sich vereinigen und ihren Seelenweg miteinander teilen möchten oder einfach eine starke Hingezogenheit zu einander verspüren, sich entscheiden, eine gegenseitige Verpflichtung einzugehen. In der Regel ist es eine Verpflichtung zu größerem Wachstum und nicht notwendigerweise mit der Perspektive der Dauer. Wenn zwei

Seelen eine solche verpflichtende Ehe eingehen, ehren sie sich gegenseitig als Teil des göttlichen Ganzen. Diese Beziehungen ziehen nur selten viel Stress nach sich und sie können eine Dauer von ein paar Jahren bis zu mehreren hundert Jahren haben.

Falls beide Parteien fühlen, dass sie in ihrer gemeinsamen Erfahrung die Vollendung erreicht haben, trennen sie sich auf sehr freundschaftliche und liebevolle Weise und in der Harmonie einer reifen Übereinkunft. Sie sagen zueinander: „Ich danke dir, mein/e Liebe/r. Es war wundervoll, diese Gelegenheit zum Wachstum in der Beziehung mit dir zu haben und zusammen mit dir zu lernen. Danke für die Liebe, die Zärtlichkeit und Zuneigung, die wir geteilt haben und für die Weisheit und das spirituelle Wachstum, das wir miteinander gewonnen haben. Wir werden für den Rest unseres Lebens Freunde bleiben, wenn wir jetzt getrennte Wege in unsere nächste Erfahrung des Lebens und der seelischen Entwicklung gehen."

Partner in Telos verhalten sich sehr liebevoll untereinander. Wenn zwei Seelen sehr lange Zeit in einer verpflichtenden Ehe verbunden sind und füreinander selbst noch nach hunderten oder tausenden von gemeinsamen Jahren große Liebe empfinden, sind es meistens Zwillingsflammen. Früher oder später bitten sie den Lemurianischen Rat um die Erlaubnis, in einer Heiligen Ehe verbunden zu werden. Diese Vereinigungen sind dauerhaft und die Partner bleiben immer zusammen, so lange beide von ihnen in dieser Dimension leben.

Sag uns bitte, wie die Partner in Telos ihre Sexualität zum Ausdruck bringen.

In gewissem Sinne sind unsere Körper nicht von solch physischer Dichte wie die euren und wir können miteinander in viel tiefgehender und intimerer Weise verschmelzen. Wenn wir uns vereinigen, verschmelzen unsere physischen Körper ebenso wie all unsere Chakren in dieser Vereinigung der Liebe. Wir betrachten den sexuellen Akt als „Vereinigung mit dem Göttlichen" und alle unsere Chakren sind mit einbezogen, immer in Ausrichtung mit dem Herzen, was zu einem viel umfassenderen Erlebnis führt. Unser sexueller Ausdruck basiert zuallererst auf Einbeziehung des Herzensfeuers.

In eurem sexuellen Ausdruck auf der Oberfläche involviert ihr meistens nur die ersten beiden Chakren der Kreativität und des Überlebens. Diejenigen, die einander wirklich „lieben", integrieren in der Regel auch das Herzchakra. In Telos würden wir einen sexuellen Akt niemals ohne tiefe Liebe füreinander vollziehen oder etwa mit der Absicht nur Vergnügen zu haben oder aus manipulativen Gründen.

Auf Grund unseres Entwicklungsstandes haben wir mehrere Chakren aktiviert als ihr. Wir haben 12 Hauptchakren, die voll aktiviert sind und jedes einzelne von diesen Chakren hat wiederum 12 Unterchakren, die wir auch mit einbeziehen. Das ergibt zusammen 144 Chakren, die an unserem sexuellen Ausdruck beteiligt sind. Wenn die Liebe zwischen zwei Menschen sehr tief ist, verschmelzen das göttlich Weibliche und das göttlich Männliche in einem Ausdruck göttlicher Liebe miteinander und ihre Energien durchfluten das gesamte Sonnensystem. Dies wird den ganzen Weg zurück zu Vater/Mutter-Gott so empfunden, als ein Zeichen der Dankbarkeit für ihre Liebe und die Gelegenheit zur Vereinigung. Es wird ein Akt der wahren Vereinigung von Herzen, die mit der Energie des Schöpfers verschmelzen. So sehen wir unsere Sexualität.

Verzerrte sexuelle Gewohnheiten

Lange Zeit haben wir eure sexuellen Ausdrucksformen beobachtet; von denen in den höchsten bis zu denen in den niedrigsten Schwingungen. Wir ermutigen euch dazu, die negativen emotionalen Rückwirkungen sexueller Begegnungen neu zu bewerten, die nur wenig oder gar keine Liebe für den anderen empfinden. Es gibt noch immer Länder, in denen die Klitoris einer Frau entfernt wird, um sicher zu gehen, dass sie niemals sexuelles Vergnügen empfinden wird; ihr Aspekt der Göttin wird so vollständig abgelehnt. In ganzen Kulturen ist Frauen das sexuelle Vergnügen durch die männliche Energie verweigert worden und auch durch diejenigen, welche die genetischen Codes auf eurem Planeten manipuliert haben und Sexualität mit Schwangerschaft gekoppelt haben.

Lasst mich noch etwas hinzufügen. Viele Frauen auf diesem Planeten haben ihre Sexualität und ihre Energien der Göttin abgestellt, weil sie missbraucht, entheiligt, verletzt, unterdrückt und entehrt worden sind. In vergangenen Zeitaltern haben sich Frauen im Allgemeinen, abgesehen von ihrem Dienst als Sexobjekt und als materieller Besitztum für die physischen und emotionalen Bedürfnisse der Männer, nur gering geschätzt gefühlt. Es ist jetzt an der Zeit für beide Geschlechter, diese tiefsitzenden Wunden zu heilen.

Wir sind völlig frei, unsere Sexualität ohne diese Last oder Besorgnis in Bezug auf unerwünschte Schwangerschaften zu genießen. Schwangerschaften manifestieren sich nur, wenn eine Seele absichtsvoll eingeladen wird, sich in unserer Gemeinschaft zu entwickeln. Die Schwangerschaft findet dann energetisch in den Unterkörpern statt und manifestiert sich im physischen Körper. Nur in Heiligen Ehen ist es Paaren gestattet, Kinder zu zeugen. Wenn ein Ehepaar die Entscheidung trifft, ein Kind zu bekommen, geht es zum Tempel um diese Absicht mit dem Obersten Priester zu besprechen und um die Gewährung dieses Privilegs zu ersuchen. Nur Ehepaaren, die eine hohe spirituelle Reife erlangt haben, ist es gestattet, Seelen in die Inkarnation zu bringen. Und so ist es in allen erleuchteten Zivilisationen.

Wenn einem Paar die Erlaubnis gewährt wird, eine neue Seele in die Gemeinschaft einzubringen, wird dies als eine sehr heilige Berufung betrachtet. Die künftigen Eltern sind dann in direktem Kontakt mit einem oder mehreren Kandidaten aus den Lichtreichen für dieses spezielle Privileg in Kontakt. Wenn der Kandidat erst einmal ausgewählt ist, finden viele Zusammenkünfte auf der inneren Ebene zwischen der hereinkommenden Seele und den zukünftigen Eltern statt. Für die Schwangerschaft werden schätzungsweise sechs bis zwölf Monate der Vorbereitung benötigt. Der Seelenweg und die Ausrichtungen werden sorgsam studiert bis alles für die heilige Verpflichtung bereit ist.

In unserer Gesellschaft wäre es undenkbar, ein Kind in die Inkarnation zu bringen, ohne zuerst die höchsten und vollkommensten Vorbereitungen durchzuführen.

Wir sind uns der Auswirkungen vollkommen bewusst, die mit der Geburt einer neuen Seele in unserer Gemeinschaft entstehen. Wenn die Seele empfangen wurde, beträgt die Schwangerschaftsperiode zwölf Wochen. Die Eltern ziehen dann vorübergehend in den Tempel, um sich die ganze Zeit über auf das Ereignis vorzubereiten. Während dieser Zeit verwöhnen die werdenden Eltern sich gegenseitig mit der reinsten Liebe, die sie als Ehepaar zu geben fähig sind. Sie hören Musik, die ihre Schwingung anhebt und überantworten sich exquisiter Schönheit. Die Mitglieder der Priesterschaft des Tempels ehren und heißen die Seele willkommen, die dazu bestimmt ist, Teil unserer Gemeinschaft zu werden. Unsere Kinder sind alle gewollt und erwünscht. Während der Zeit der Schwangerschaft fühlt die Seele, die darauf wartet geboren zu werden, in Vollkommenheit die Liebe der Eltern und der Gemeinschaft.

Wenn unsere Kinder geboren werden, sind sie etwas größer als eure und sie wachsen schneller; und sie tun das auch, was die Weisheit und das Wissen anbelangt. Auch wenn sie einige der Schwierigkeiten erfahren, die auch Kinder auf der Oberfläche durchmachen – speziell die Pubertät –, haben wir viele Möglichkeiten, sie bei der Reifung und beim Wachsen durch diese Probleme zu unterstützen. Der Pfad jedes Kindes wird immer gesehen und geehrt und jedes Kind erhält alle Aufmerksamkeit, die es benötigt.

Gibt es etwas, das du uns in der 3. Dimension mitteilen kannst, wie wir uns in das gleiche Stadium des Bewusstseins entwickeln können?

Nun, es ist im Entstehen, meine Liebe. Es entsteht mit höherer Bewusstwerdung und dem erwachten Bewusstsein. Die Leser unserer Information begreifen die Bedeutung und möchten diese Art Leben für sich selbst erschaffen. Sie möchten in dieser Art erleuchteter Gesellschaft leben. Indem ihr mit diesen Prinzipien des höheren Bewusstseins konform geht, erschafft ihr es bereits. Es wird sich in den kommenden Jahren entwickeln. In naher Zukunft werden mehr und mehr Leute ihr Bewusstsein für die von uns mitgeteilte Information öffnen. In dem Maß, in dem sich diese Anzahl ständig erhöht, werdet ihr sehen, dass die Dinge sich ziemlich schnell verändern werden.

Ihr wisst, dass die Absicht die Realität erzeugt. Wenn genügend Leute den Wandel wünschen und ihre festen Absichten formulieren um eine neue Realität für sich selbst und für die Menschheit zu erschaffen, wird es ganz einfach passieren. Es ist zu dieser Zeit sehr wichtig, dass jeder von euch ein Botschafter der Liebe, des Friedens und der Harmonie für das Selbst, für die Menschheit und für den Planeten wird. Es ist wichtig, dass ihr beginnt, diese Information mit so vielen wie möglich zu teilen, wenn ihr fühlt, dass sie in eurem Leben einen Unterschied bewirkt.

Die Zeit, in der es darum ging, still in eurem Kokon zu sein, ist vorbei. Ihr alle sollt eure Liebe, euer Licht und euer Wissen auf alle scheinen lassen, die sich auf eurem Pfad befinden.

Je mehr ihr leuchtet und euer neues Verständnis ausstrahlt, desto mehr wird es sich in euch und auf dem Planeten zum Ausdruck bringen. So schreitet die Evolution fort. Wir haben bemerkt, dass es unter den Franzosen, die unsere ersten Bücher gelesen haben, eine ziemliche Anhebung im Bewusstsein gegeben hat und eine nachhaltige Erhöhung des Wunsches, ein erleuchtetes Leben zu führen. Wir haben auch bemerkt, dass Männer und Frauen sich gegenseitig wieder mehr ehren. Jeder wird anfangen müssen, seine eigene Göttlichkeit anzunehmen und die Polaritäten in die Einheit zu bringen, egal, ob in einem männlichen oder weiblichen Körper. Versteht ihr das? Wenn ihr in euren inneren Polaritäten ausgerichtet seid und ihr trefft jemanden, der ebenfalls mit sich selbst im Einklang ist, werdet ihr anfangen, neue Erfahrungen in Beziehungen zu machen, die euch noch viel größere Zufriedenheit bringen werden.

Korrektes Wissen und Informationen erschaffen Nahrung für die Seele, welche die Transformation bringt. Wenn mehr Leute bewusst werden und ihre Herzen diesen Konzepten öffnen, werden sie wie ein Lauffeuer das Massenbewusstsein erreichen. Haltet nach den Bewusstseinssprüngen und nach dem Lebensstil Ausschau, den die Menschen auf diesem Planeten in einigen wenigen Jahren annehmen werden.

Je größer die Anzahl der Leute ist, die diese Information annehmen, desto schneller werden sich die Öffnungen für das höhere Bewusstsein der Menschheit vollziehen. Diese Konzepte göttlicher Gesetze liegen noch im Embryonalzustand in den Herzen einiger weniger. Wenn ihr eure neuen Entdeckungen mit denen teilt, die offen dafür sind, werden sie keimen und wachsen. Wenn erst einmal genügend Leute in ihrem Herzen den Wunsch für diesen Bewusstseinssprung hegen, werdet ihr das Wachstum nicht verhindern können, denn die Energie, die diesen Planeten gerade überflutet, unterstützt dies wie niemals zuvor. Es ist nur eine Frage des Informierens einer schlafenden Population durch Schriften und Lehren, die Erkenntnis über die Wahrheit bringt, die so sehr lange Zeit vor euch versteckt war.

Lerne die Lektionen der Harmlosigkeit –
nicht nur durch Worte, Gedanken oder Gefühle.
Fügst du jemals einem anderen Teil des Lebens
Böses oder Schaden zu,
wisse, dass die Tat und die physische Gewalt
dich im Reich des Schmerzes, des Leidens und der
Sterblichkeit hält.

Maha Chohan, Paul der Venezianer

9. Kapitel

Die Tiere in Telos

In Telos beherbergen wir viele Tierarten, die wir vor dem Aussterben gerettet haben.

Als wir wussten, dass unser Kontinent zerstört werden würde, haben wir unsere Stadt im Untergrund gebaut, um unser Leben und alle historischen Aufzeichnungen unserer Zivilisation zu retten; wir haben auch einige Exemplare von jeder Tierart gerettet, die zu dieser Zeit existierten. In dieser Hinsicht können wir mit der früheren biblischen Geschichte von Noah verglichen werden, der in seiner Arche vor dem Untergang von Atlantis jeweils zwei Exemplare jeder Gattung gerettet, jedoch in einer viel umfassenderen Weise. Die meisten dieser Tierarten leben noch und befinden sich bis zum heutigen Tag in unserer Obhut, ausgenommen derjenigen, die sich im Gesamt ihrer Gattung entschieden haben, an ihren Ursprungsort zurückzukehren.

Der Untergang Lemurias geschah ungefähr 1.200 Jahre vor dem Sinken von Atlantis und die Anzahl der geretteten Tierarten war bei weitem viel größer als die Zahl, die in eurer biblischen Geschichte in Bezug auf das Sinken von Atlantis aufgezeichnet wurde. Zu der Zeit als Atlantis sank, waren bereits viele Tierarten durch die Zerstörung unseres Kontinents auf der Erdoberfläche ausgestorben.

Wir sagen euch, dass sich Tiere ebenso wieder und wieder verkörpern, wie ihr es tut.

Ihre Verkörperungen sind immer der Ausdruck eines viel größeren Ganzen. Alle von uns, die Tiere mit eingeschlossen, sind Ausdehnungen eines gewaltigen Lichtwesens, so ungeheuer und wundersam, dass ihr in absoluter Verzückung verharren werdet, an dem Tag, an dem ihr euch für eure wahre Göttlichkeit öffnet. Dies wird auch als das Konzept der Multi-Dimensionalität bezeichnet, ein Konzept, das für ein 3-dimensionales Bewusstsein im Verständnis sehr schwierig bleibt. Gott erschafft in seinem Sein und in seiner wahren Natur der Liebe unaufhörlich und dehnt und weitet sich selbst immerwährend in ein immer breiter werdendes Spektrum vielfältiger Manifestationen aus. Das Königreich der Tiere ist nur eines unter vielen dieser unendlichen Ausdehnungen. Alle sind ein Teil von Gott, ihr Lieben, ALLE.

Wenn ihr euch gestattet, einen Teil des Lebens (Gottes) zu verletzen, so verletzt ihr das Ganze, euch selbst mit eingeschlossen.

Auf den inneren Ebenen besitzen alle Tiere eine große Intelligenz und sie sind ganz anders, als ihr euch mit eurem derzeitigen Bewusstsein jemals vorstellen könntet. Einige von ihnen regieren Welten und Planeten. Tiere leben in vielen Dimensionen. Alle Tiere haben eine Überseele oder ein Höheres Selbst, gerade so wie die Menschen, aber es ist von einer etwas anderen Natur. Der Unterschied liegt darin, dass sie als Teil eines anderen Königreiches erschaffen wurden als ihr. Also sind sie auch Ausdehnungen eines viel größeren Bewusstseinskörpers und anderen Aspektes der Göttlichkeit.

Bewusstsein dehnt sich selbst von den höchsten Ebenen des Gottselbst bis zu den niedrigsten Ebenen der ersten Dimension der Felsen und Mineralien aus. Alle sind Gott in den verschiedensten Ausdrucksformen.

Je höher die Dimension, desto größer ist das Verständnis der Liebe und um so ausgedehnter ist das Bewusstsein. Die Tiere teilen diesen Planeten mit euch, weil sie – gerade so wie ihr - gewählt haben, 3-dimensionale Erfahrungen zu machen. Sie kamen auch als Helfer und Lehrer um euch auf vielfältige Weisen zu unterstützen, die ihr noch nicht versteht. Dass sie in einem Körper gekommen sind, der anders ist als eurer, macht sie euch gegenüber nicht geringer. Selbst wenn sie das wären, gäbe es keinerlei moralische und spirituelle Rechtfertigung für die Art und Weise, in der gegenwärtig so viele Tiere auf der Erdoberfläche behandelt werden. Ihre Körper sind nur einen Oberton niedriger als eure in eurem 3-dimensionalen Ausdruck.

Es gibt nicht den Unterschied, an den man euch so lange glauben ließ. Viele Menschen auf der Oberfläche haben diese Ent-schuldigung als einen Freibrief für die Ausbeutung der Tiere benutzt.

In eurem begrenzten Verständnis habt ihr euch selbst erlaubt zuzulassen, dass viele Tierarten zu Waren für eigennützige Zwecke oder Profit wurden. Die goldene Regel muss für alle fühlenden Wesen angewendet werden, nicht nur für das menschliche Königreich. Wenn ihr euch auf der Plattform eurer Evolution vorwärts bewegen wollt, könnt ihr das nur durch bedingungslose Liebe in Worten, Gedanken, Gefühlen und Taten, gegenüber allen Lebensformen und Königreichen, die auf diesem Planeten existieren. Dies ist der einzige Weg, denn Liebe ist der einzige Schlüssel.

Es gibt nicht ein einziges Stückchen der Schöpfung, das sich nicht durch Liebe manifestiert hat.

Folglich gibt es auch nicht ein Stückchen der Schöpfung, von dem ihr wählen könntet, es nicht zu lieben, wenn ihr euch voran entwickeln wollt. In der geistigen Welt bewegen sich Tiere den 4- und 5-dimensionalen Ebenen. Sie sind alle mit einem höheren Lichtkörper verbunden. Auch alle Menschen sind mit ihrem eigenen Höheren Selbst verbunden, auch bekannt als ihre „ICH BIN - Präsenz", die in den höheren Dimensionen existiert und ebenso im Herzen eines jeden lebt.

Das Höhere Selbst eures Seins, euer eigenes Gott-Selbst, ist ein glorreiches, machtvolles Wesen von großer Intelligenz, Glanz und grenzenloser Perfektion. Das ist es, was ihr wahrhaftig seid. Euer 3-dimensionales Erdenleben reflektiert nur einen sehr kleinen Anteil eurer göttlichen Gesamtheit.

In der Schöpfung und in den Höheren Welten gibt es keine solchen Dinge wie „weniger, niedriger, besser als, nicht so gut wie" etc. Diese Begriffe sind alle Etiketten eines begrenzten menschlichen Bewusstseins. Alle sind gleichermaßen geliebt und als Ausdruck Gottes in ständiger Entwicklung angesehen. Es gibt einen Unterschied zwischen euch und den Tieren, aber er liegt nicht darin, was man euch beigebracht hat. Meine Freunde, in den unterirdischen Städten haben wir vor den Tieren viel Respekt und betrachten sie als unsere jüngeren Brüder und Schwestern auf der Leiter der Evolution.

Wir behandeln sie mit der gleichen Einstellung, die wir auch uns selbst gegenüber empfangen möchten.

Lasst uns annehmen, dass sich in einer menschlichen Familie zum Beispiel zehn Kinder befinden. Würdet ihr sagen, dass die Jüngeren weniger wert sind als die Älteren, nur weil sie weniger Lebenserfahrung haben und noch nicht so viel wissen wie die Älteren? Würdet ihr sagen, dass die Jüngeren es nicht verdienen, mit genauso viel Liebe behandelt zu werden, bloß weil sie später geboren wurden und dass sie rechtmäßig missbraucht werden können, bloß weil sie noch nicht so weit entwickelt sind wie die Älteren?

Ich würde denken, dass ihr mit *nein* antwortet, weil ihr sehr genau wisst, dass sie in ein paar Jahren alles aufholen werden. So ist es mit den Tieren, meine Freunde. In der Hierarchie oder Familie des Körpers des einen Gottes sind die Tiere, die diesen Planeten mit uns teilen, die jüngeren Mitglieder. Ich wünsche mir, dass ihr den Punkt versteht, auf den ich hinaus will. Alles in der Schöpfung trägt Bewusstsein, vom Größten hin bis zum Kleinsten. Schlussendlich werden alle gleich betrachtet.

Wie ich bereits zuvor erwähnt habe, beherbergen wir in Telos in unserer Obhut eine große Anzahl an Tierarten, die auf der Oberfläche schon lang ausgestorben sind. Andere Zivilisationen, die schon länger als wir im Untergrund leben, haben ebenso eine große Zahl an Tierarten in ihrer Pflege, die auf der Erdoberfläche schon seit viel längerer Zeit ausgestorben sind. Wir haben viele Sorten Katzen in allen Größen. Ihre Größen variieren zwischen fünf bis sechs Pfund Gewicht bis zu mehreren hundert Pfund. Wir haben Arten von Hunden und Pferden, die viel weiter entwickelt sind als die auf der Oberfläche lebenden und sie werden euch viel Freude bereiten, wenn ihnen letztendlich erlaubt werden wird, sich unter euch zu begeben.

Viele unserer Tiere sind größer als diejenigen, die ihr habt. Zum Beispiel haben viele der großen Katzen fast die doppelte Größe von denen auf der Oberfläche. Viele Pferde sind größer, aber manche haben auch ihre Größe beibehalten, so dass ihr wirklich in der Lage sein werdet, Spaß mit ihnen zu haben.

Unsere Tiere liegen uns sehr am Herzen. Ihr dürft sicher sein, dass wir sie nicht in eure Hände geben werden, bis die Gewalt vollkommen aus eurer Welt getilgt ist.

Alle unsere Tiere sind zahm und niemals der Negativität und Gewalt in irgendeiner Form ausgesetzt gewesen. Jeder kann zu ihnen in völliger Sicherheit hingehen und mit ihnen schmusen. Keines von unseren Tieren hat in irgendeiner Weise Furcht vor Menschen und sie töten sich weder gegenseitig noch fressen sie sich auf. Sie sind alle Vegetarier. Unsere Tiere wurden niemals gejagt oder eingesperrt. Sie dürfen ihre volle Lebensspanne leben, die viel länger ist als die der Tiere auf der Oberfläche.

Seid euch sicher, dass wir ganz bestimmt keines von ihnen den Oberflächenzivilisationen überlassen werden, solange auch nur die geringste Möglichkeit besteht, dass es verletzt werden könnte oder weniger Liebe empfangen würde, als es hier in Telos gewohnt war. Wir erkennen die einzigartige Intelligenz, mit der jede Tiergattung ausgestattet ist und wir haben keinen Bedarf, sie jemals in irgendeinen Status der Unterwerfung zu bringen. Sie sind gelehrig und zufrieden.

Telepathische Kommunikation ist alles, was für uns nötig ist, um mit ihnen vollkommen zusammenzuarbeiten.

Im Namen aller Zivilisationen der Inneren Erde sage ich euch, dass wir euch alle mit großer Freude und Erwartung beobachten werden, wie ihr euren Geist und eure Herzen dem Königreich der Tiere gegenüber öffnen werdet und damit beginnt, die Art und Weise zu ändern, in der ihr sie wahrnehmt und behandelt.

Wir senden euch unsere Liebe, unser Licht und unsere Freundschaft. Wir freuen uns sehr auf die Zeit, zu der wir wieder auf der Oberfläche erscheinen werden, um wieder bei euch zu sein, euch die Hände zu reichen und zu lehren, was wir gelernt haben, indem wir tausende von Jahren in der Schwingung von Liebe, Frieden und Brüderlichkeit verbrachten, ohne Unterbrechung durch Kriege, Kontrolle, Gier, Angst, Manipulation und endloser Bürokratie.

Zusammen werden wir eine sehr helle Zukunft für uns alle erarbeiten, ihr Bürger der Neuen Erde.

Wenn wir von unseren unterirdischen Wohnsitzen durch ein Labyrinth von Tunneln, die zu jedem Land und jeder Stadt auf dem Planeten führen, ausschwärmen, wird es eine Zeit großen Jubels für alle geben, die ihre Herzen und ihren Geist öffnen, um uns zu empfangen. Wir sind eure älteren Brüder und Schwestern und wir lieben euch alle von Herzen.

Ich bin Adama, euer lemurianischer Bruder.

10. Kapitel

Fragen und Antworten

Intervention anderer Rassen

Wir haben gehört, dass die Wesenheiten der Inneren Erde manchmal bei auf der Oberfläche stattfindenden Ereignissen in unserer Gesellschaft eingreifen. Wie und wann wird diese Entscheidung getroffen und wer führt die Beteiligung aus?

Den Wesenheiten der Inneren Erde ist es weder gestattet, in die Angelegenheiten der Oberflächendimension einzugreifen noch sich in den freien Willen der dort lebenden Menschen einzumischen. Wir sind Mitglieder der Galaktischen Konföderation der Planeten und unterliegen der Leitung des „Zwölferrats". Wenn ein Einschreiten auf der Oberfläche des Planeten notwendig wird, hat dieser Rat die Kontrolle darüber. Wir würden oder könnten nur auf seinen Geheiß und mit seiner vollen Autorisierung eingreifen. Das bedeutet nicht, dass wir noch nie auf irgendeine Weise eingegriffen hätten, aber wir möchten, dass ihr versteht, dass bis jetzt - bis das „große Experiment" auf dem Planeten Erde vorüber ist - es für uns nicht angemessen ist, uns in die Wahlmöglichkeiten des freien Willens der Menschheit einzumischen. Wir haben weder beim Sinken der beiden großen Kontinente eingegriffen noch haben wir bei all den Kriegen und Verwüstungen eingegriffen, die ihr ausgelöst habt.

Die göttliche Intervention, die dieser Planet nun gerade erfährt, ist tatsächlich ein Eingreifen, das direkt von eurem Schöpfer ausgeht. Und darum sind zahllose Außerirdische aus Millionen von Sternensystemen nun zu Milliarden hier - eure Raumbrüder, die euch so sehr lieben -, um euch und eurem Planeten während der „Großen Anhebung" die entsprechende Vorbereitung zukommen zu lassen und zu assistieren. Unter den vielen helfenden außerirdischen Zivilisationen sind die Arkturianer, die Plejadier, die Andromedaner, die Sirianer, die Venusier, jene von Alpha Centauri, die positiven von Nibiru und Orion und viele andere.

Die Raumbrüder, mit denen sich so viele von euch wieder sehnsuchtsvoll und greifbar verbinden möchten, sind Mitglieder eurer Seelenfamilie. Sie sind Freunde und die Familie eures „zukünftigen Selbstes". Sie haben oft eingegriffen, indem sie die Erde vor größeren Katastrophen, die viel Zerstörung hätten verursachen können, aus dem Weltraum geschützt haben. Für euch nicht wahrnehmbar, haben sie die Erde und euch alle viele, viele Male vor größeren Invasionen durch andere Kulturen aus dem Weltraum geschützt, die noch nicht gelernt haben, bedingungslose Liebe und wahre Brüderlichkeit zu integrieren. Die Arkturianer, die Sirianer, die Plejadier und viele andere sind die ganze Zeit über eure kostbarsten Freunde und Bewacher aus dem Weltraum gewesen. Sie sind derzeit immer noch in großer Zahl anwesend, um euch zu unterstützen und um euren Planeten während der kommenden Veränderungen und dimensionalen Anhebungen zu stabilisieren. Und sie schicken euch auch jeden Tag Liebe.

Mit großer Traurigkeit beobachten wir die Weise, in der ihr, die ihr doch Mitglieder der Familie Gottes seid, euren Planeten und euch untereinander behandelt. Die einzige Intervention, die allen Wesenheiten der Inneren Erde zugestanden wurde, ist, euch Liebe und Licht zu schicken und euch Zuwendung zu geben, wenn ihr in Schmerz, Trauer und Sorgen seid. Schon seit Äonen haben wir aus dem Inneren der Erde euch von der anderen Seite des Schleiers geführt und angeleitet. Wir haben mit euch unsere Weisheit, unsere Gnade, unsere Liebe und die Arbeit der wahren Bruderschaft für Frieden und Gedeihen geteilt. Wir haben mit euch während eurer Traumphasen und zwischen euren Inkarnationen gearbeitet. Wieder und wieder, über Jahrtausende hinweg, wurden euch große Weise und Avatare gesandt. Leider wurden sie meistens ignoriert, verfolgt und sehr oft getötet.

Vor langer Zeit wurde zwischen den Einwohnern der Inneren Erde und dem Kollektiv der sich entwickelnden Seelen der Oberflächendimension eine Vereinbarung dahingehend getroffen, dass von euren Experimenten mit der Trennung „die Finger wegzulassen“ seien. In die Art und Weise, die ihr für eure Entwicklung und das Lernen eurer Lektionen gewählt hattet, durfte nicht eingegriffen werden. Das Gleiche gilt für eure Mutter Erde; sie hat euch alle Entscheidungen auf Kosten des Wohlbefindens und der Schönheit ihres eigenen Körpers zugestanden. Sie hat euch alle Entscheidungen gewährt, bis zu dem Tag, an dem der Urschöpfer verkünden würde, dass das große Experiment auf der Erde vorbei sein würde. Und dieser Tag, meine Freunde, ist nun gekommen. Die Verkündung von eurem Schöpfer für euer Erwachen und die Wiedererlangung eurer Göttlichkeit ist nun durch das ganze Universum hindurch gehört worden und sogar noch darüber hinaus. Alle auf der Erde befinden sich nun in intensiver Vorbereitung für die „Große Wiedervereinigung“ und die „Große Anhebung“. Es ist eine Zeit um voran zu schreiten; versucht nicht, zurück zu gehen. Lasst das Alte gehen und nehmt die „Neue Welt“ aus tiefstem Herzen an.

Kornkreise

Es wurde behauptet, dass Leute der Inneren Erde an der Entstehung von Kornkreisen beteiligt wären. Ist das ein Gemeinschaftsunternehmen mit den Außerirdischen? Werden Kornkreise letztendlich bestehen bleiben? Und wenn ja, was wird dann ihre Aufgabe sein?

Kornkreise sind hauptsächlich 4- und 5-dimensionale Gärten. Sie entstehen in der Tat in Zusammenarbeit der Leute aus der Inneren Erde mit den Außerirdischen und dem göttlichen Bewusstsein, aber sie sind zum Großteil die Arbeit der Außerirdischen. Sie werden zeitweise in eurer 3. Dimension kreiert, um eure Neugier zu erwecken und um euch bei der Erweiterung eures Bewusstseins und bei der Öffnung zu einer neuen Denkweise zu helfen. Diese Phänomene sind für euch eine Hilfe, um aus der kleinen Schachtel herauszukommen, in die ihr euch selbst gesteckt habt. Es ist an der Zeit, euch ein viel größeres Bild der Schöpfung und des Universums zu machen. Diese Kornkreise sind mit Strömungen von Klang und Licht codiert, die beim Wiedererwachen eurer Seele und eures göttlichen Bewusstseins behilflich sein werden.

Denkt an die schönen Gärten, die ihr in eurer Zukunft anlegen werdet, um die Schönheit eurer neuen Heimstätten zu unterstreichen. Vergleicht sie mit den Kornkreisen. In eurer gar nicht so weit entfernten Zukunft wird das, was ihr jetzt Kornkreise und ein seltsames Phänomen nennt, euch so vertraut werden, dass ihr es nicht länger als ungewöhnlich betrachten werdet. Es sind die wunderschönen Gärten eurer Zukunft, lichterfüllt und voller Farben und Klänge. Ihr werdet mit eurer Absicht ehrfurchtgebietende Gärten erschaffen, die den Kornkreisen in Frequenz und Codierung ähnlich sind. Ihr werdet in diesen Gärten anpflanzen, was immer ihr euch wünscht; was auch immer eure Kreativität ersinnen kann, wird sich manifestieren; fast wie von selbst. Diese Gärten werden sich selbst fortwährend mit Blüten und Früchten ausstatten, bis ihr entscheidet, dass ihr etwas anderes möchtet und dann wird sich auch eure neue Schöpfung schnell manifestieren.

Die Kornkreise werden euch jetzt zu eurem Vergnügen dargeboten und auch um euch einen Schimmer von eurer Zukunft zu geben. Öffnet euer Herz und euren Geist für all die Wunder, die vor euch liegen nach der Reinigung der Erde und vor der Großen Anhebung.

Kristalle

Welche Rolle werden die Kristalle in den kommenden Jahren spielen?

Kristalle haben viele Formen, Schwingungen und Dimensionen. Kristalle haben auch ihre eigene Form von Intelligenz und Bewusstsein. Sie entwickeln sich und wachsen, um euch dienlich zu sein, besonders wenn ihr in eurem göttlichen Bewusstsein seid. Was ihr in eurem 3-dimensionalen Bewusstsein von Kristallen wisst und gesehen habt, ist sehr begrenzt.

In der 4. und 5. Dimension sind die Kristalle lichtvoller, klarer und leuchtender, weil sie in der Lage sind, viel mehr Licht zu absorbieren und zu speichern, als diejenigen, die ihr derzeit kennt. Sie können jede erdenkliche Form, Größe, Schwingung und Farbe annehmen, um eure Bedürfnisse zu erfüllen. Ihr werdet in der Lage sein, sie willentlich zu manifestieren. Ihr werdet nicht länger enorme Geldbeträge bezahlen müssen, um sie zu erhalten. Sie werden sich für euch gemäß eurem Maß an Liebe und Licht und gemäß eurem göttlichen Recht, Gottes Ressourcen zu nutzen, manifestieren.

Sie werden die Hauptenergiequelle sein, die für die weit entwickelte Technologie gebraucht wird, die ihr geschenkt bekommt, wenn wir aus unseren Städten im Erdinneren hervortreten. Ihr werdet sie nutzen, um in diesem Universum überall hin reisen zu können und um Information aus dem Universellen Geist zu erlangen. Ihr werdet herausfinden, dass die gesamte lebende Bibliothek der Erde, die eure komplette Geschichte enthält, sich in großen Kristallarchiven viel besser als in Büchern speichern lässt und ihr werdet die Technologie besitzen, jegliche Information sehr schnell von überall her anzuziehen. Das Kristall-Gitternetz der Erde selbst hat bereits eine Aufstiegs-Aktivierung erfahren und dieses Gitter steht nun vielen für Heilenergien und Information zur Verfügung.

Die „Kristall-Kinder", die in eurer Welt inkarniert sind, besitzen in ihrer DNS eine direkte Verbindung, um mit diesem Gitternetz zu kommunizieren. Auch ihr habt die Möglichkeit, sich dieser Form von Bewusstsein zu öffnen und dies haben alle, die zu dieser Zeit des „Großen Erwachens" und der Anhebung auf der Oberfläche leben. Die Änderungen im elektromagnetischen Gitternetz und im Kristall-Gitternetz wurden vorgenommen, um die größte aller Anhebungen zu ermöglichen: Die Anhebung des menschlichen Bewusstseins.

Anstatt Holz, Ziegel, Zement oder synthetische Materialien zu benutzen, werdet ihr verschiedene Arten von kristallinen Strukturen verwenden, um eure privaten Anwesen und öffentlichen Gebäude zu konstruieren. Ihr werdet das Gefühl haben, in Kristallpalästen zu leben und trotzdem eure

Privatsphäre aufrechterhalten zu können. Diese kristallinen Strukturen werden eure eigene Energiestruktur wiederum stärken und die vielen Veränderungen in eurer multidimensionalen DNS unterstützen, die euren Aufstieg in eine 5-dimensionale Schwingung und darüber hinaus signalisieren.

So wie sich eure eigenen telepathischen Energien durch Aktivierung eures eigenen kristallinen Gitternetzes erhöhen, werdet ihr nicht länger physische Kristalle benötigen, um miteinander über weite Entfernungen um den Planeten herum zu kommunizieren. Ihr werdet euch einfach in das überall vorhandene Kristall-Gitternetz der Erde einklinken und ebenso in das ätherische Gitternetz, das den Planeten umkreist. Wenn ihr in den Weltraum reist, werden diejenigen unter euch, die noch nicht den notwendigen Stand universeller telepathischer Fertigkeiten erlangt haben, Kristalle für die interplanetare und intergalaktische Kommunikation verwenden. In euren Raumschiffen werden alle Kommunikationssysteme auf kristalliner Basis sein. Eure Nutzung von Kristallen und kristalliner Energie wird unbegrenzt sein.

Hüter der Portale und Durchgänge

Kannst du etwas zum Thema Portale und Durchgänge sagen und über die Wesen, die diese hüten und verwalten?

In dieser kurzen Abhandlung können wir das grundlegende und allgemeine Verständnis dieses Themas nur andeutungsweise berühren. Es ist noch viel umfassender, doch es ist zu dieser Zeit nicht angemessen, dies in seinem vollen Umfang mit euch zu besprechen.

Wenn ihr neugierig werdet, was die Portale angeht, ist das ein klares Signal, dass ihr den Wunsch habt, euer Bewusstsein auf ein viel umfassenderes Verständnis des Universums auszudehnen. Es gibt Myriaden verzwickter Komplexitäten in den Dimensionen, die jenseits von eurem 3-dimensionalen Bewusstsein existieren. Ihr müsst euer Bewusstsein dann auch auf die Konzepte von Durchgängen, Energiewirbeln, multi-dimensionalen Korridoren, planetaren, galaktischen und universellen Gitternetz-Systemen, Lichtbarrieren, Zeitkapseln und auf viele weitere Konzepte ausdehnen, mit denen ihr noch nicht vertraut seid. Sie alle arbeiten zusammen als miteinander in Bezug stehende Komponenten eines gigantischen universellen Systems. Die Reihe wird bald an euch sein, meine Freunde, alle diese Konzepte und Realitäten sowie die Magie und die Wunder, die von ihnen ausgehen, zu entdecken. Ihr beginnt jetzt damit, manche von ihnen bewusster zu nutzen; nun, da die Erde und ihr euch in höhere Frequenzen und Dimensionen hinein entwickelt.

Da eure Frage die Hüter dieser Portale und Durchgänge betrifft, würde ich euch gern Folgendes auf einfache Art und Weise erklären. Portale, Durchgänge und multidimensionale Korridore gibt es in großer Anzahl von der höchsten Ebene Gottes, der Quelle des Universums, bis hinunter zu allen geschaffenen Universen, allen Dimensionen und Unter-Ebenen jeder Dimension, bis zu dem winzigsten Lebenspartikel in der ersten Dimension. Sie existieren auch in der gesamten großen Leere.

Portale und Durchgänge existieren durch die Verteilung der Gottes- oder Quellenergie über die gesamte Schöpfung hinweg. Sie existieren auch durch das Absteigen der Quellenergie von den universellen Ebenen auf die galaktischen Ebenen, zu den Ebenen der Sonnensysteme, auf die planetaren Ebenen und so weiter. Es gibt eine große Vielfalt, was die Typen der Portale, Durchgänge und der multidimensionalen Korridore betrifft und jeder einzelne Typ erfüllt eine spezielle Funktion. Beispielsweise werden einige Portale dazu benutzt, die Frequenz der Quellenergie herunterzuschalten, während andere für Reisen zwischen den Dimensionen, Planeten, Sonnensystemen, Galaxien und Universen da sind. Jedes dieser Milliarden von Portalen, Durchgängen und Korridoren funktioniert mit der höchsten mathematischen Präzision, so dass garantiert kein Chaos entsteht. Dieses Thema ist so umfangreich, dass hier nur ein kleiner Teil abgedeckt werden kann, doch ich wünsche, euch ein breiteres Verständnis dieses Themas geben zu können und wie alles in großer Harmonie und mit Leichtigkeit und Effizienz zusammenarbeitet.

Wer sind die Wesen, die diese Portale und Durchgänge hüten und überwachen?

Es sind hauptsächlich weit entwickelte Wesen aus dem Engelreich und auch diejenigen, die ihr „Außerirdische" nennt. Sie haben sich für diese „Jobs" freiwillig zur Verfügung gestellt. Da sie in großer Anzahl in jeder Gruppierung aus den Lichtreichen existieren, wechseln sie sich damit ab, diese Positionen auszufüllen und es wird niemals für irgendjemanden zur Plackerei. Diese Portale und Korridore des Lichts sind mit den verschiedensten Arten an wundersamen und interessanten komfortablen Plätzen von großer Schönheit ausgestattet, an denen sich kosmisch Reisende mit Freunden treffen können, ihre Energien aufladen können oder einfach Information und Führung erhalten. Manchmal dienen sie als Stätten für große Zusammenkünfte zwischen den Wesen aus unterschiedlichen Dimensionen.

Es folgen nun ein paar Richtlinien für einige Portale dieses Planeten, dieses Sonnensystems und dieser Galaxie. Die selben Prinzipien gelten überall, mit dem einzigen Unterschied, dass je höher ihr euch in der Frequenz begebt, desto höher die Hüter dieser Portale entwickelt sind.

Die erste Regel besagt, dass niemand frei durch Portale oder Durchgänge in höhere Dimensionen reisen kann, als der von ihm selbst erlangte Bewusstseinszustand es erlaubt. Ihr müsst zuerst die Erlaubnis von denen einholen, die dort wohnen, wo ihr hin wollt. Diese Genehmigung wird Personen, die sich noch nicht auf diesem Stand befinden, manchmal gewährt, wenn sie sich in Begleitung eines „Sponsors" befinden, von einem Wesen aus dieser höheren Dimension, der die Person dann an ihr Ziel begleitet. Ein planetarer Aufgestiegener Meister, der diesen Bewusstseinsstand erlangt hat, könnte sich auch anbieten, euch dahin zu begleiten.

Wenn ihr beispielsweise persönlich zur Großen Zentralsonne dieses Universums gerufen werdet, um ein Gespräch mit Vater/Mutter-Gott zu führen, könnte ein Wesen wie Sananda, Mutter Maria oder St. Germain euch dahin bringen oder ein Abgesandter aus jener Ebene würde kommen und euch abholen. Um dann dahin zu gelangen, müsstet ihr durch verschiedene multi-dimensionale planetare, galaktische und universelle

Korridore und Durchgänge reisen. Wenn ihr dann nicht in Begleitung von jemandem seid, der im Besitz eines kosmischen Reisepasses für diese Korridore ist, wäre euch nicht gestattet, den ganzen Weg bis zur Zentralsonne zu reisen. Die Rolle dieser Hüter ist, Integrität und Reinheit der verschiedenen planetaren Systeme, Galaxien und Universen aufrechtzuerhalten.

Jeder Korridor, jeder Durchgang, jedes Portal und jedes Gitternetzsystem wird von Wesen gehütet, deren Frequenz mit der Schwingungsebene des Ortes in Resonanz steht, den sie schützen. Bis diese Resonanz sich deckt, kann der Eintritt verwehrt werden. Diese Regeln sichern die Integrität, Reinheit und Effizienz dieser Portale und Korridore. Macht euch klar, dass, wenn ihr zur Großen Zentralsonne oder zum Galaktischen Kern durch diese Korridore reisen würdet, es eine sehr große physische Distanz von der Erdebene aus wäre. Wenn ich euch nun alle Details und alle Schritte erklären müsste, würde es mehrere Kapitel eines Buches füllen und ihr würdet sehen, wie kompliziert dies wird.

Wenn jemand in der Realität den Entwicklungsstand erreicht hat, der notwendig ist, um an diese Orte reisen zu können, dauert es nur Sekunden eurer Zeit, um den ganzen Weg zurückzulegen, wo immer ihr auch hin wollt. Diese Korridore erlauben kosmisch Reisenden, zahllose Planeten oder Galaxien zu besuchen und sogar Orte außerhalb dieses Universums. Ihr reist dann dort hin mit einem Wimpernschlag, wenn ihr nicht entscheidet, mehrere Stops entlang der kosmischen Schnellstraßen einzulegen, um die Aussicht und die sozialen Aktivitäten zu genießen.

In unserem Sonnensystem und der Milchstraßen-Galaxie haben vor langer Zeit die Arkturianer die Aufgabe übernommen, einen großen Prozentsatz unserer multidimensionalen Portale und Korridore zu erschaffen und zu pflegen. Sie sind größte Experten in dieser Arbeit geworden und ihre Kenntnis ist und wird auch weiterhin durch dieses gesamte Universum hindurch gefragt sein. Die Rolle der Hüter von Portalen ist, zu verhindern, dass unerwünschte Energien Orte großer Reinheit und Weisheit infiltrieren. Sie besteht auch darin, richtungsweisend zu sein und Reisenden, die das multidimensionale Reisen gerade erlernen oder die zum ersten Mal in diesen Korridoren reisen, Führung, Komfort und Information anzubieten. Ihr mögt diese Hüter auch als „Team für diplomatische Beziehungen" betrachten.

Allerdings geschieht nichts von alledem genau auf die Weise, in der ich es euch gerade erklärt habe. Die Komplexität kann einfach nicht aus 3-dimensionaler Perspektive heraus erklärt und verstanden werden. Diese Erklärung wird euch jedoch ein Grundkonzept darüber vermitteln, wie es funktioniert. Raumschiffe reisen ebenso durch diese Systeme aus Korridoren, Durchgängen und Gitternetzen um ans Ziel zu gelangen und das mit großer Geschwindigkeit.

Auch wenn ich erwähnt habe, dass die Arkturianer die großen Meister und Hüter der Hauptportale in dieser Galaxie sind; sie sind nicht die Einzigen. Jedes planetare System hat sein eigenes System aus Portalen und Korridoren, die gehütet und in Stand gehalten werden, in der Regel durch weit entwickelte Seelen aus dem selben System. Die Sirianer und die Andromedaner arbeiten unter anderem auch eng mit den Arkturianern zusammen, um diese weiten und zahlreichen multidimensionalen Öffnungen zu erhalten.

Diejenigen unter euch, die zur „Sternensaat" gehören, die aus anderen Welten zu diesem Planeten kamen, sind bereits mit den meisten dieser Portale, Korridore und deren Hüter-Wesenheiten vertraut. Wenn ihr nicht in eurem physischen Körper seid, wisst ihr schon, wie ihr sie durchqueren könnt. Wenn ihr erst einmal euren evolutionären Prozess hinsichtlich des Aufstiegs und der Erleuchtung hier abgeschlossen habt, werdet ihr euch daran erinnern, wie man das ziemlich leicht bewerkstelligen kann. Euer großer kosmischer Reisepass wird euch dann wieder ausgehändigt werden, mit einem Stempel für eine umfangreichere Gegend als die, die euch früher zustand. Ich verspreche euch, dass ihr bis in alle Ewigkeit niemals mehr gelangweilt oder traurig sein werdet. Ihr werdet frei sein, euch in die Reihen derer zu gesellen, die damit beschäftigt sind, alle Möglichkeiten für sich zu entdecken und sich ihnen zu öffnen.

11. Kapitel

Wir haben unsere Körper unsterblich gemacht

Adama

Ich kommuniziere mit euch aus unserer 5-dimensionalen Stadt innerhalb des Mount Shasta. Der Lemurianische Zwölferrat von Telos, mich selbst eingeschlossen, würde euch gerne seine Dankbarkeit ausdrücken für diese wundervolle Gelegenheit, mit so vielen von euch zusammen zu kommen, indem ihr unsere Botschaft lest.

So, wie wir unsere Herzen weit für euch öffnen, bitten wir euch, eure Herzen ebenso für uns zu öffnen. Wir laden euch ein, euch so oft ihr wollt darauf auszurichten, mit uns zu kommunizieren. Wir haben die Fähigkeit, viel Heilung in die mannigfaltigen Aspekte eures Lebens einzubringen, die einer größeren Ausbalancierung bedürfen. Seid versichert, dass wir immer willens, fähig und bereit dazu sind, euch auf so vielfältige Arten zu assistieren. Indem ihr eure Herzen und euren Geist für uns öffnet, können wir euch auf Weisen unterstützen, die schnelle Transformation in euer Leben bringen können, die zu erlangen anderenfalls viel länger dauern würde. Wir wissen, dass ihr alle gerne Abkürzungen nehmt, und bewusst mit uns zu arbeiten, wird euch helfen, viele Abkürzungen in euren Leben zu erschaffen, die eure Lasten leichter machen und euren spirituellen Fortschritt ankurbeln werden.

Viele fragen sich, ob wir immer noch körperlich sind, in der Hinsicht, dass man uns sehen und berühren kann. Andere behaupten, wir seien vollkommen ätherisch, was heißen würde, dass wir keine Körper haben, die in eurer Dimension physisch sichtbar sind. Um der Klarheit willen, lasst mich euch erklären, dass wir nun 5-dimensionale Wesen geworden sind. So, wie es in der glorreichen Zeit der lemurianischen Zivilisation war, erhalten wir ein 5-dimensionales Bewusstsein aufrecht. Unsere Körper haben einen Zustand der Unsterblichkeit und Perfektion erreicht. Wir haben gewählt, in ihnen genügend Dichte zu bewahren, so dass sie sichtbar und berührbar bleiben ohne irgendwelche Begrenzungen zu erfahren. Die göttliche solare Blaupause unserer Körper ist die gleiche wie eure.

Unsere DNS ist ebenfalls die gleiche wie eure gewesen ist, bevor ihr euch selbst in eine so große Dichte hineinmutiert habt, wie ihr sie auf der Oberfläche nun seit sehr langer Zeit erfahren habt. Unsere DNS hat sich weiter entwickelt und unsere physischen Körper unterliegen nicht mehr der Degeneration und dem

Alterungsprozess. Obwohl wir uns in unseren Körpern physisch so fühlen wie ihr, empfinden wir das Absenken unserer Frequenz in die 3. Dimension nicht mehr als angenehm.

Die meisten von uns besitzen die Fähigkeit, willentlich zwischen mehreren Dimensionen hin und her zu surfen und dies beschert uns viel Flexibilität, Freiheit und Vergnügen.

Unsere physischen Körper haben den Status der Perfektion erreicht, auf den ihr alle hofft. Daher schwingen wir auf einer viel höheren Frequenz als ihr. Unsere physischen Körper funktionieren mit der Perfektion, die immer von unserem Schöpfer beabsichtigt war. Grundsätzlich haben eure und unsere Körper dasselbe Potenzial; sie wurden mit dem gleichen göttlichen Blaupausenmuster erschaffen.

Das bedeutet, ihr Lieben, dass ihr in ein paar Jahren, wenn sich euer Bewusstsein von den Begrenzungen und Bewertungen der 3-dimensionalen Frequenz zum Bewusstsein und zur bedingungslosen Liebe der 5. Dimension aufschwingt, lernen werdet, die Frequenz eurer Körper anzuheben, so wie wir es getan haben. Ihr werdet schrittweise das Entzücken des Sehens, Fühlens und Erlebens erfahren, wenn sich eure physischen Körper direkt vor euren Augen Schritt für Schritt transformieren und das innerhalb einer relativ kurzen Zeit.

Es wird für jede Person einzigartig sein. Ihr werdet alle eure alten begrenzenden Glaubenssätze loslassen, die euch in Schmerz, Leid und Mangel gehalten haben. Ihr werdet beginnen, die Verjüngung eurer Körper zu erfahren und deren Funktionieren entsprechend eurer originalen Blaupause solarer Perfektion mit vielen weiteren hinzukommenden Attributen.

Durch viele Phasen von Goldenen Zeitaltern hindurch, einschließlich der Zeit von Lemuria, haben wir alle im Bewusstsein der 5. Dimension gelebt; in Körpern, die zwischen der 5. und 3. Dimension hin und her wechseln konnten. Dies hat viel Spaß gemacht und war sehr aufregend, bis ein Aufeinanderfolgen vieler Ereignisse auf diesem Planeten fast die gesamte Erdbevölkerung dazu zwang, permanent im 3-dimensionalen Bewusstsein gefangen zu bleiben und nicht mehr in der Lage zu sein, sich wieder mit ihrer 5-dimensionalen Realität zu verbinden.

Bald, wenn ihr euer Bewusstsein in die Liebesfrequenz hinein entwickelt und fähig seid, es dort zu halten, werden eure physischen Körper ihren gegenwärtigen Status der Dichte abwerfen. Die frühere „Magie", die ihr einmal in der Zeit Lemurias gekannt habt, wird zu eurer Freude wieder zurückkehren, zu eurem Genuss und um damit zahlreiche kosmische Entdeckungen zu machen. Eure Körper werden unsterblich und unbegrenzt werden.

Und dieses Mal, ihr Lieben, wird die Magie noch viel größer sein; weil ihr euer Leben so lange ohne diese Magie erfahren habt und weil euer Leben so schwierig war. Ihr habt viel gelernt, seit diese Gaben eurem Bewusstsein und euren Fähigkeiten verloren gegangen sind. Weil ihr so lange Zeit gelitten habt und eure Seelen so großartige Lektionen gelernt haben, werdet ihr die Geschenke der Unsterblichkeit und der göttlichen Perfektion in allen Aspekten eures Lebens niemals mehr als selbstverständlich betrachten.

Euer physischer Körper spiegelt euer Bewusstsein

Was werden die nächsten Entdeckungen im Bereich der Gesundheit sein? Greift ihr ein, um unsere Gesundheitsmaßnahmen anzuleiten?

Wir intervenieren weder in eure Gesundheitsangelegenheiten noch in eure Essgewohnheiten, nicht in das stressige Leben, das ihr für euch erschaffen habt, nicht in eure emotionalen Überlastungen und auch nicht in eure Heilungsmodalitäten. Ihr kamt hierher, um den freien Willen zu erfahren und wir können nur Vorschläge einbringen hinsichtlich der Art und Weise, in der ihr entscheidet, euer Leben zu leben. Unsere Herangehensweise an Themen der Gesundheit, Heilung und Alterung ist weitgehend anders als eure.

Zunächst einmal kennt keiner von uns in Telos irgendeine Schwäche oder Erkrankung jeglicher Art in seinem physischen Körper. In unseren Leben wenden wir immer die göttlichen Prinzipien in allem an, was wir denken, sagen und tun. In unserem Glaubenssystem sind wir gewiss, dass unsere Körper als perfekte und wundervolle „Maschinen" konstruiert wurden, die dazu angelegt sind, über tausende von Jahren hinweg am Leben zu sein, ohne irgendein Zeichen von Schwäche, Alterung oder des

Sterbens. Dieses Konzept ist für uns deswegen so natürlich, weil es das ist, was hier jeder erfährt. Alle unserer Leute sind dazu fähig - sie tun dies auch ohne viel Anstrengung - ihre physischen Körper unsterblich zu erhalten. Wir haben die Unsterblichkeit vollkommen integriert und keiner von uns sieht älter aus, als 40 Jahre, obwohl er 15.000 Jahre und älter sein mag. Manche sind sogar schon über 30.000 Jahre alt und sehen aus, als wären sie 35. Wir haben weder Krankenhäuser, Altersheime, Krankenschwestern, Ärzte, Zahnärzte noch Krankenversicherungen oder irgendetwas in dieser Art.

Wenn wir essen, dann nehmen wir nur die reinste, schwingungsmäßig höchst-energetische Nahrung zu uns, die wir produzieren können, welche vollkommen organisch und mit reichhaltigen Mineralien versehen ist und die unsere Körper ewig stark und jugendlich erhält. 98 % der Nahrung, die ihr zu euch nehmt, ist verändert und toxisch durch künstliche Chemikalien, wie beispielsweise chemische Konservierungsmittel, künstliche Düngemittel, Herbizide, Pestizide, Pasteurisieren etc.

Wir würden sagen, dass der Großteil der Nahrung, die ihr esst, armselig gewachsen und sehr künstlich ist und jeglicher Lebenskraft entbehrt.

Wenn ihr sie zu euch nehmt, ist sie bereits alt, verändert und ihrer natürlichen Nährstoffe beraubt und sie besitzt nur wenig Lebenskraft, wenn überhaupt.

Was ihr esst und wie ihr esst, ist der Erhaltung von gesunden und starken physischen Körpern in einem Zustand der Unsterblichkeit nicht förderlich. Beginnt damit, die Inhaltsstoffe auf den Etiketten jeglicher Nahrung zu lesen, die ihr zu euch nehmt und ihr werdet merken, wie künstlich und synthetisch eure Nahrung ist. Als Regel könnt ihr Folgendes nehmen: Wenn ihr die Inhaltsstoffe auf euren Nahrungsmittel-Etiketten lest und ihr sie nicht verstehen könnt bzw. nicht wisst, was sich dahinter verbirgt oder ihr es nicht ohne Verzögerung aussprechen könnt, dann kauft dieses Produkt nicht!

Wir registrieren, was die Oberflächenbevölkerung ihren Körpern und Seelen täglich zuführt und wir sind erstaunt, dass es euch in euren Körpern nicht noch viel schlechter geht, wenn wir betrachten, wie ihr sie nährt und wie ihr sie behandelt. Die Schöpfung eures physischen Körpers ist so ehrfurchtgebietend und wir ermahnen euch, sie nicht als selbstverständlich zu betrachten. Euer physischer Körper ist das Werkzeug der Evolution für eure Inkarnation. Er ist euer heiliger Tempel und ihr solltet ihn eurer größten Zuwendung und Liebe als würdig erachten.

Die „Krankheiten oder Leiden", die ihr mit euren physischen Körpern erfahrt, sind nichts weiter als der Spiegel eurer Lebensweisen und eures Bewusstseins.

Für uns wäre eure Art zu essen und zu leben eine Todesfalle. Leider ist es das, was ihr auf der Oberfläche akzeptiert und als normal betrachtet, und die meisten von euch tun dies ohne es zu hinterfragen. Ihr braucht keine Wissenschaftler oder Gesundheitsämter, um so genannte „Gesundheitsforschung" zu betreiben. Ihr braucht ein erwachendes Bewusstsein und die tiefe Wertschätzung für euren physischen Körper.

Es ist kein Wunder, dass eure Körper anfangen zu altern, sobald ihr die 30 knapp überschritten habt. Kein Wunder, dass die meisten von euch von diversen Gesundheitsproblemen geplagt werden, sobald sie die 60 erreicht haben oder sogar noch eher und ihr freut euch auf eure Rente und soziale Sicherheit. Die Mehrheit der Oberflächenbevölkerung schafft es nicht über das Alter von 90 hinaus.

Die Konstitution eurer Körper ist schon bei der Geburt geschwächt durch Generationen über Generationen einfacher Essgewohnheiten, stresserfüllter Leben und Pflichtimpfungen. Und eure Körper bekommen niemals Nahrung in der Qualität, die sie in Harmonie erhalten könnte.

Warum lehnt ihr euren Körper ab und verwehrt ihm, was essentiell notwendig ist, um schwingungsmäßig gesund und jugendlich zu bleiben?

Warum hegt ihr eure Körper nicht und gebt ihnen nicht, was sie wirklich brauchen, anstatt nach den neusten Erkenntnissen der Forschung Ausschau zu halten, die bestenfalls sowieso nur temporär von Nutzen sind? Es gibt keine wahre Heilung außerhalb des Selbst. Alles fängt bei eurem Bewusstseinsstand und eurem Glaubenssystem an. Am Besten ist es, wenn ihr eure eigenen Entdeckungen macht, wenn es um das Hegen und Nähren eurer Körper geht. Nehmt zur Kenntnis: Ich benutze das Wort „nähren“. Ja, eure Körper, besonders auf der Oberfläche, brauchen noch weitaus mehr im Bereich des Nährens und der Liebe, als ihr euch gegenwärtig zugesteht.

Kehrt zur Natur zurück, ihr Lieben; es wird euer Schaden nicht sein. Eure emotionale Überlastung trifft euch auch sehr stark in eurem körperlichen Wohlbefinden. Euer Mangel an körperlichen Übungen, frischer Luft, der Gehalt an Toxizität, den viele von euch ihrem Körper bei der Arbeit zumuten, eure Stressfaktoren, all das leistet beim Zusammenbruch eures Körpers seinen Beitrag. Tausende von euch in Amerika und weltweit arbeiten den ganzen Tag hindurch in luftdichten Gebäuden mit Klimaanlagen, während eure Körper vor einem Computer und/oder einem Schreibtisch mit einem Telefon in der Hand sitzen. Wenn ihr dann nach Hause kommt, seid ihr zu müde, um noch körperliche Übungen zu machen oder ein „richtiges" Essen für euch selbst zu kochen und allzu oft greift ihr auf leblose Schnellgerichte aus der Mikrowelle zurück.

Außerdem werfen wir auch ein Auge auf die Flüssigkeiten, die ihr zu euch nehmt. Fast ausschließlich trinkt ihr Wasser, das schädliche Substanzen enthält, wie zum Beispiel synthetisches Chlor, Fluoride und mehrere andere wasserkontaminierende Chemikalien. 95 % eures Wassers stammt aus Leitungen und ist auf die eine oder andere Weise verunreinigt. Findet heraus, wo euer Wasser herkommt und was damit geschieht, um es „scheinbar" sicher und trinkbar zu machen. Obwohl dieses Wasser, das ihr trinkt, nach eurem Standard als sicher und trinkbar betrachtet werden mag, besitzt es keine heilenden und verjüngenden Eigenschaften mehr.

Denkt darüber nach, wie viel Kaffee, Sprudel, Bier und Alkohol jeglicher Art und andere synthetische Getränke jeden Tag in der ganzen Welt verkauft und konsumiert werden. Eure Körper müssen auf täglicher Basis gereinigt und geklärt werden. Reines, kristallines, „nicht verändertes" Wasser ist dazu notwendig, um euren Körper in einem konstanten Zustand des Wohlbefindens zu erhalten.

Alle Krankheiten und Leiden werden von den gleichen Dingen verursacht, egal was für Namen ihnen von euren medizinischen Autoritäten auch gegeben werden!

Sie werden durch genetische, ernährungsbedingte, mentale und emotionale Ungleichgewichte und Toxizität verursacht. All dies kann ziemlich einfach geändert werden mit ein bisschen mehr Einsicht und dem Willen, den Körper und eure Inkarnation zu ehren. Die Etiketten, die eure medizinische Einrichtungen den Krankheiten als Namen gibt, sind sehr relativ. Sie bedeuten lediglich eine Bestätigung dessen, wie sich diese Ungleichgewichte ganz persönlich in euren Körpern manifestieren.

Die größte Entdeckung auf dem Gebiet der Gesundheit, von der wir vorhersagen, dass ihr sie in den nächsten paar Jahren machen werdet, ist das „Bewusstsein" darüber, dass ihr eure ganzen Essgewohnheiten ändern könnt, mehr Spaß haben könnt, euren und emotionalen Stressfaktoren reduzieren und endlich alte Glaubenssätze loslassen könnt, die euch krank und müde bleiben lassen. Ihr werdet eine ganzheitlichere und integrativere Lebensart entdecken, die sehr viel förderlicher sein wird für die beständige Gesunderhaltung eurer Körper - so lange ihr wollt. Wahre Heilung, ihr Lieben, kann nur aus der Seele und aus dem Bewusstsein kommen. Die äußeren Umstände sind immer zweitrangig und ihr Nutzen ist lediglich die Reflexion der internen Veränderungen, die ihr durchlauft.

Ich werde die Antwort auf diese Frage abschließen, indem ich sage, dass euer physischer Körperder Spiegel eures Bewusstseins ist. In eurer Inkarnation auf diesem Planeten lebt ihr in einem „Haus voller Spiegel".

Indem ihr eure Emotionen heilt, euch bedingungslos liebt, euch den Wegen des höheren Bewusstseins öffnet und diese Gesetzmäßigkeiten in eurem täglichen Leben anwendet, wird euer Körper diese Veränderungen reflektieren und transformieren. Die alte Weisheit: „Mensch, heile dich selbst" ist in der Tat die Weisheit, die ihr entdecken werdet.

Wie man sein Bewusstsein erhöht

Wie man sein Bewusstsein erhöht, ist ein umfassendes Thema, ihr Lieben, und es könnte ganze Enzyklopädien füllen, wenn es in Büchern verfasst werden würde. Die Antwort auf diese Frage ist wie ein Diamant mit mehreren tausend Facetten. Jede Facette stellt eine Straße dar, auf der ihr euer Bewusstsein über euer derzeitiges Verständnis hinweg und darüber hinaus anheben könnt, hinsichtlich dessen, was es mit dem Leben auf diesem Planeten auf sich hat.

Bevor ihr euch entscheiden mögt, euer Bewusstsein zu erhöhen, solltet ihr euch vielleicht selbst ein paar Fragen stellen, wie zum Beispiel:

- Was bedeutet es, mein Bewusstsein anzuheben?
- Warum würde jemand das wollen?
- Was passiert, wenn jemand sein Bewusstsein ausweitet?
- Wie wird sich das auf mein derzeitiges Leben auswirken?
- Was könnten die Ergebnisse solch einer spirituellen Reise sein, die buchstäblich nie zu Ende geht?
- Was bedeutet es, seine eigene Göttlichkeit vollkommen im Herzen anzunehmen?

Wenn ihr erst einmal anfangt, tief in eurem Herzen über die Antworten auf diese Fragen nachzusinnen, beginnt ihr den Prozess bereits. Euer eigenes Gott-Selbst wird eintreten in dem Maße, wie ihr es gestattet und es wird beginnen, euch Eingebungen und Führung zukommen zu lassen, um euch in eurem Prozess zu unterstützen. Und es IST ein Prozess, ihr Lieben. Er entfaltet sich Stück für Stück, gemäß eurem persönlichen Entwicklungspfad und entsprechend den Handlungen und der Intensität, die ihr in den Prozess einfließen lasst.

Wenn ihr erst einmal anfangt, ein erweitertes Verständnis für die oben genannten Fragen zu entwickeln, wird das Anheben eures Bewusstseins viel einfacher werden. Ihr könnt beinahe ein spaßiges Spiel der unbegrenzten Entdeckungen damit anstellen. Ihr könnt es im Prinzip mit einer „Reise der Selbstentdeckung" vergleichen.

Lasst mich euch eine kurze Antwort für alle dieser Fragen geben. Ich gebe es euch dann als Hausaufgabe, diese Konzepte noch tausendfach auszudehnen, nicht so sehr in eurem Geist, sondern hauptsächlich in eurem Herzen. Euer Herz, euer heiliges Herz, ihr Lieben, ist die allerhöchste Intelligenz eurer Seele.

Was bedeutet es, sein Bewusstsein anzuheben und auszudehnen?

Es bedeutet, auf allen Ebenen und in allen Aspekten des Lebens bewusster zu werden. Kein Leben mehr „im Autopiloten" zu führen und kein Abgeben eurer Kraft mehr an andere. Dies bedeutet, sich Schritt für Schritt eurer Göttlichkeit zu öffnen, dem wundervollen spirituellen Wesen, das ihr seid, mitten im Leben eurer ausgewählten menschlichen Erfahrung begriffen, um der Lektionen willen, die ihr in dem gegenwärtigen Leben zu lernen wünscht und die ihr schon vor eurer Inkarnation ausgewählt habt.

Es bedeutet, der Verrücktheit in eurem Leben Einhalt zu gebieten, zumindest für eine gewisse Zeit jeden Tag, während der Meditation oder Kontemplation zum Zweck der Entdeckung des „Wahren Selbst". Beginnt damit, euch allen Möglichkeiten zu öffnen. Entdeckt die Wunder und die Herrlichkeit, die in euch stecken, die um euch herum sind, in der Natur, und die überall gesehen, gefühlt und berührt werden können. Erfahrt die Komplexität der anderen Königreiche dieser Erde, denen ihr nie zuvor Aufmerksamkeit geschenkt habt. Entdeckt euer Herz und findet den goldenen Engel, der darin lebt und der das Gott-Selbst dessen ist, wer ihr wirklich seid – ein anderer Aspekt eurer ewig währenden Identität.

Beginnt damit, die Gewaltigkeit, die Wunder der Liebe und Geduld des Wesens zu erfahren, das ihr Mutter Erde nennt. Wenn ihr beginnt, euch selbst zu ehren, ehrt auch sie und ihren Körper, denn sie ist diejenige, die euch machtvoll bei der Erhöhung eures Bewusstseins und eurer Schwingung assistieren kann.

Beginnt jetzt die wundersame Reise der Selbstentdeckung dessen, wer ihr wahrhaftig seid, als unbegrenztes Wesen, das eine Zeit lang menschliche Erfahrungen macht.

Warum würde ich mein Bewusstsein anheben wollen?

Die menschliche Erfahrung ist ziemlich schwierig gewesen und steckte die letzten paar Jahrtausende hindurch auf der Erde voller Herausforderungen – hauptsächlich wegen des Bewusstseinsstandes, auf den die Oberflächenbewohner auf diesem Planeten abgefallen waren. Ihr habt euch selbst stetig gestattet von den Höhen der Glorie höheren Bewusstseins der ersten drei Goldenen Zeitalter zu eurem gegenwärtigen Lebensstil abzusteigen, der nicht das göttliche Wesen widerspiegelt, das ihr wirklich seid. Bei einer große Mehrheit von euch entspricht die Lebensart nicht der Natur ihrer Seele. Im Allgemeinen haben die Menschen ihren Kontakt mit ihrem eigenen Gott-Selbst verloren und auf vielfältige Art und Weise versucht ihr immer noch, einen Gott außerhalb von euch selbst anzubeten.

Wenn ihr euer Bewusstsein wieder auf die Ebene eures Gott-Selbst anhebt und eure Göttlichkeit in vollem Ausmaß annehmt, werden alle früheren Gaben, die euer göttliches Geburtsrecht sind, wieder für euch verfügbar sein. Ihr werdet wieder in der Lage sein, in eurem täglichen Leben die Leichtigkeit, Magie und Gnade des grenzenlosen Gottes auszuleben, der ihr jenseits des Schleiers wirklich seid. Ihr werdet euch selbst für immer über die Schmerzen und Leiden der gegenwärtigen Begrenzungen erheben, mit denen ihr gelebt habt.

Was geschieht, wenn jemand sein Bewusstsein erhöht?

Es wird hilfreich für euch sein, Zeit damit zu verbringen, euch darüber bewusst zu werden, wie begrenzt ihr in eurem gegenwärtigen Zustand des Bewusstseins seid. Als nächstes verbringt Zeit in Kontemplation über die wahre Bedeutung von Freiheit und darüber, was Freiheit für euch persönlich bedeutet. Entscheidet darüber, was ihr euch in eurem Leben wünscht und wie ihr es sich gerne entfalten sehen würdet. Worin bestehen eure Träume? Was würdet ihr gerne manifestieren oder in eurer jetzigen Inkarnation werden? Was sind eure Ziele?

Ist euch klar, dass ihr alles haben könnt, wenn ihr euer Bewusstsein über euer begrenztes Wahrnehmungsvermögen hinaus erhöht? Auf diese Weise haben wir solch ein Paradies und ein derart perfektes Leben in Telos erschaffen. Wir haben Herz und Verstand geöffnet, um die Perfektion und Grenzenlosigkeit zu erkennen, die als Lebensart auf diesem Planeten bestimmt waren.

So war es drei lange Goldene Zeitalter hindurch auch auf diesem Planeten vor Millionen von Jahren, bevor der Fall im Bewusstsein erfolgte. Der Fall der Menschheit hat nichts damit zu tun, dass Eva einen Apfel gegessen hat, wie einige von euch immer noch glauben. Dies ist eine Allegorie oder eine Metapher und nicht einmal eine besonders gute. Der Fall war eine Art Kompromiss auf der hohen Bewusstseinsebene, die in jenen Tagen erreicht war und wurde durch den Wunsch ausgelöst, Polarität zu erfahren. Und ihr habt begonnen, Erfahrungen des Zweifels und der Furcht zu erzeugen und euer Bewusstsein auf die Spaltung der Perfektion auszurichten, die zu dieser Zeit existierte.

Ihr habt bewusst das Wissen über die Magie des hohen Bewusstseins aufgegeben und euren stetigen Abstieg in diesen Spalt der Dualität begonnen, den ihr jetzt gerade erfahrt. Euer früheres Wissen ist eurem nach außen orientierten Bewusstsein gewichen, sagen wir seit hunderttausenden von Jahren und bei einigen sogar noch länger.

Das bedeutet auch, ihr Lieben, dass ihr dieses Wissen immer noch in den tiefsten Winkeln eurer Seele und eures Unterbewusstseins besitzt und dass ihr es in euer gegenwärtiges Bewusstsein zurückholen könnt. Wenn ihr die irrigen und verzerrten Glaubensvorstellungen loslasst, die euch so lange begrenzt haben, werdet ihr in der Lage sein, euch an euren früheren Status zu erinnern und diesen vollkommen in euer jetziges physisches Leben einzubringen.

Wie wird es mein jetziges Leben betreffen?

Wenn ihr beginnt, euer Bewusstsein anzuheben, werden sich eure Wünsche, eure Interessen und eure Prioritäten ändern. Ihr werdet realisieren, dass ihr – und nur ihr – der Schöpfer und die oberste Autorität in eurem Leben seid, ungeachtet aller anderen äußeren Erscheinungen. Ihr werdet stetig lernen, euch eures Lebens anzunehmen wie ein Meister es tut, anstatt immer von euren externen Erfahrungen aufs Geratewohl herumgestoßen zu werden. Ihr werdet euer neues Bewusstsein und das Wissen, das ihr durch die Ausdehnung eures Bewusstseins gewinnt, nutzen, um für euch selbst eine neue Realität zu erschaffen, und zwar genau die, die ihr schon immer wolltet, ohne Begrenzungen.

Ihr werdet beginnen, ein Leben zu erschaffen, das von größerer Schönheit, Freude, Fluss, Liebe und Glück durchzogen ist, als ihr euch jemals erträumt hättet. Und so wird eure Bewusstseinsanhebung euer jetziges Leben betreffen. Stetig werdet ihr beginnen, eure Herzen mehr den Möglichkeiten dieser neuen Realität zu öffnen. Wenn ihr einmal anfangt, eure Emotionalkörper und Mentalkörper von alten Glaubenssystemen zu klären, die euch nicht länger dienen und euch in den gegenwärtigen Begrenzungen verharren lassen, werden alle eure Wünsche und Träume beginnen, sich als eure Realität zu manifestieren. Ihr werdet frei sein, das Leben zu leben, das ihr immer wolltet, egal, was ihr euch gewünscht habt.

Was könnten die Resultate meiner Bewusstseinserhöhung sein?

Die Resultate sind unendlich und grenzenlos. In eurer kosmischen Evolution werdet ihr euer Bewusstsein fortlaufend und stetig anheben, bis in alle Ewigkeit. Ihr werdet eure wahre Identität als ewige und unsterbliche Götter und Göttinnen erkennen, als Kind der Liebe, das von Liebe geschaffen wurde. Ihr werdet wissen, dass ihr aus der Liebe entstanden seid und euch in immer größere und größere Liebe hinein auszudehnen bestimmt seid. Ihr seid das Kind des allwissenden und glorreichen Gottes, mit all den gleichen Attributen erschaffen, ein Duplikat, wenn ihr so wollt – und nichts weniger. Euer verlorenes Gedächtnis wird wieder hergestellt werden.

Wenn es auch Felsen oder Geröllblöcke aus dem Weg zu räumen gibt und sogar Dornen dabei zu lieben sind oder es zu Beginn eurer Reise steile Stufen zu überwinden gilt; wollt ihr euch nicht aus der kleinen Schachtel herausbewegen, in der ihr so lange gelebt habt und entdecken, was immer es noch für euch auf diesem Planeten zu erreichen gibt? Die Suche nach der Wahrheit könnte für euch ein Leben großer Freude und erfüllt von Wundern eröffnen, das über eure wildesten Träume hinausragt.

Fragt euch selbst: Seid ihr eine auf diesem Planeten lebende isolierte Zivilisation, oder sind wir alle Brüder und Schwestern, aus der Liebe des selben Schöpfers heraus geboren? Seid ihr allein oder Teil einer gewaltigen und umfangreichen Schöpfung mit unbegrenzter Mannigfaltigkeit? Wenn ihr aus dieser kleinen Schachtel heraus kommt, in der ihr gelebt habt, werdet ihr mit Sicherheit die „reale Welt" entdecken und ihr werdet erkennen, dass die kleine Schachtel eine Illusion gewesen ist, weil ihr nicht getrennt seid und nicht allein. Ihr seid Teil von allem was ist, von grenzenloser Liebe.

Was bedeutet es, auf der Aufstiegswelle zu reiten?

Euch ist bestimmt, letztendlich euer Bewusstsein anzuheben, von Glorie zu noch größerer und größerer Glorie bis in alle Ewigkeit. Die meisten Leute auf der Oberfläche träumen davon, in den Himmel zu kommen, wenn sie sterben. Nun, da sich der neue Zyklus auf diesem Planeten entfaltet, müsst ihr nicht länger erst sterben um in den Himmel zu kommen. Der Himmel wird sich bald genau hier auf der Erde für all jene manifestieren, die es wählen, auf der Aufstiegswelle zu reiten. Wollt ihr nicht jetzt eure höchst ehrfurchtgebietende Reise antreten? Oder wählt ihr es, im Bewusstsein der menschlichen Fesseln zu verharren? Wenn ihr euch erst einmal in diese Fragen vertieft habt, beginnt ihr eure heilige Reise oder setzt sie fort.

Öffnet euer Herz und Bewusstsein den anderen Königreichen der Erde. Ihr werdet entdecken, wie magisch und harmonisch sie sind. Versucht zu verstehen, wer die Tiere wirklich sind und was ihre Rolle auf dem Planeten ist und wie sie euch auch helfen können. Über das Aufteilen in Kategorien nach Arten, Aussehen, Größe und Rassen hinaus, verstehen die Menschen auf diesem Planeten nur sehr wenig von Tieren. Öffnet euer Herz und euren Geist dem, was oben, unten und um euch herum ist im Sichtbaren und Unsichtbaren, das ihr nie beobachtet habt. Indem ihr das tut, werdet ihr beginnen, euch selbst der bedingungslosen Liebe zu öffnen und derartigen Wundern, dass ihr euer Bewusstsein mit den Wellen der Aufstiegsenergien erhöht, die diesen Planeten nun fluten.

Euer Aufstieg zur Freiheit, eure Krönung von tausenden auf diesem Planeten verbrachten Lebenszeiten, in denen ihr gearbeitet und euch entwickelt habt, ist nun da. Niemals in der Geschichte der Erde ist der Aufstieg so einfach gewesen, wie er jetzt zur Zeit des Aufstiegszyklus von eurer Mutter Erde angeboten wird. Wollt ihr nicht mit ihr diese Aufstiegswelle reiten? Euer Aufstieg in die spirituelle Freiheit ist das Ziel all eurer Inkarnationen seit Anbeginn der Zeiten gewesen. Er ist das Ziel all eurer vielen Inkarnationen, Lektionen und der Weisheit gewesen, die ihr in eurem Erdendasein gewonnen habt.

Niemals zuvor in der Geschichte der Erde ist der Aufstieg in die Freiheit und in ein Leben der göttlichen Gnade als eine Möglichkeit angeboten worden, die in ein wenigen Jahren erlangt werden kann. Werdet ihr sie nun annehmen oder wollt ihr noch einmal weitere 25.000 Jahre auf die nächste Aufstiegsrunde auf einem anderen Planeten warten, noch einmal die gleichen Schwierigkeiten durchmachen, die für euch so lange ein Thema waren? Die Entscheidung liegt bei euch, ihr Lieben. In Liebe und Mitgefühl sende ich euch diesen Weckruf.

12. Kapitel

Kommt heim, ihr Geliebten, kommt heim! Die 5. Dimension erwartet eure Rückkehr!

Ich grüße euch, hier ist Adama. Mit der Hilfe und dem Beistand von anderen, sehr weit entwickelten Zivilisationen, die tiefer im Inneren der Erde leben, bewegte sich unsere telosianische Zivilisation vor einiger Zeit in ein 5-dimensionales Bewusstsein. In der Tat haben wir beschlossen, in einem Körper zu bleiben, der ein gewisses Maß physischer Dichte aufrecht erhalten hat. Obwohl unsere Körper genetisch die gleichen sind wie eure, ist der Erhalt seiner physischen Berührbarkeit in der unser Körper gesehen und angefasst werden kann, ein Teil unserer Mission und unserer Übereinkunft in Bezug auf die Unterstützung der Erde bei ihrem Aufstiegsprozess.

In unserem Dienst für das Leben und für diesen Planeten haben wir erkannt, dass eines Tages, wenn die Oberflächenbevölkerung bereit sein würde, uns und unsere Lehren zu empfangen, dieser Zustand des physischen Seins für uns notwendig wäre, um hervorzutreten und uns als frühere Freunde, Brüder und Schwestern unter euch zu mischen. Genetisch sind wir gleich und der Stand der körperlichen Entwicklung und Unbegrenztheit, den wir mit unseren physischen Körpern erreicht haben, wird ein Vorbild für euch sein, das ihr betrachten und für eure eigene Entwicklung annehmen könnt.

Unsere gegenwärtige DNS-Codierung arbeitet mit einer vollständig aktiven 12-Strang-DNS, von der ihr bereits wisst, und weiteren 24 Strängen, die einige von euch gerade erst als Potenzial entdecken. Die meisten von euch haben zwei aktive DNS-Stränge und 10 schlafende, resultierend aus der stattgefundenen genetischen Manipulation. Mit dieser zeitweisen Abschirmung von einer solch großen Menge eures göttlichen Potenzials, arbeitet ihr jetzt nur mit ungefähr 5-10 % des Gesamtpotenzials. Dieses Gesamtpotenzial dehnt sich für jeden beständig in alle Ewigkeit aus, der sich in höhere Dimensionen hinein entwickelt.

Während der Zeit von Lemuria stand dem Großteil der Menschheit und allen Lemurianern eine komplette DNS mit 36 Strängen zur Verfügung.

Mit dem Fall, welcher ein stetiger Abstieg im Bewusstsein war und über eine Periode von tausenden von Jahren hinweg stattfand, ging auch ein fortschreitendes Herunterdimmen der anderen 24 DNS-Stränge einher, bis nur noch 12 aktive Stränge übrig waren.

Mit dem Sinken der beiden Kontinente von Lemuria und Atlantis wurden 10 weitere Stränge inaktiviert. Und zu dieser jetzigen Zeit können nun alle euren früheren Fähigkeiten wieder stetig reaktiviert werden, indem ihr euch in größerem Ausmaß der Schwingung bedingungsloser Liebe und dem höheren Bewusstsein öffnet. Es gibt eine Menge Spekulation darüber, dass die genetische Codierung der Menschheit aus dem Kontrollwunsch der Außerirdischen heraus manipuliert wurde. Dies ist zu einem gewissen Ausmaß hinsichtlich einiger Zivilisationen der Erde wahr, doch nehmt auch zur Kenntnis, dass dies zur damaligen Zeit auch das Karma der Menschheit war. Diese Manipulation fand mit der Zustimmung der höheren administrativen Hierarchien der Erde statt.

Die Menschheit war auf eine so niedrige Bewusstseinsebene abgefallen, dass es für sie unmöglich gewesen wäre, mit 12 Strängen zu funktionieren. Die Konsequenzen dieser Reduzierung sind ernst und schmerzhaft gewesen, aber diese Entscheidung entsprach der höchsten Weisheit und der einzigen Wahlmöglichkeit zu jener Zeit. Wenn die Menschheit ihr Bewusstsein nicht auf eine so niedrige Ebene gebracht hätte, wäre diese Änderung der DNS schlichtweg unmöglich gewesen. Diese Abschirmung eurer DNS – auch genannt „der Schleier" – hat euch die Möglichkeit gegeben, euch ein weiteres Mal, von einem anderen Gesichtspunkt aus, durch eure Evolution zu arbeiten, diesmal ohne die Gefahr des Missbrauchs eurer potenziellen Kräfte, so wie es zur Zeit von Atlantis und Lemuria der Fall gewesen ist. Es hat euch auch ermöglicht, euren freien Willen voll auszuleben, ohne die Konsequenzen eines großen Missbrauchs von Macht und göttlicher Liebe und ließ euch umfassende und beständige Weisheit aus euren Erfahrungen gewinnen.

In eurem „Inneren Herzen" hat euch die dreifaltige Flamme des Lebens, der göttlichen Liebe, Weisheit und Kraft, die sich früher einmal in einem Durchmesser von 3 Metern in eurem Aurafeld ausgedehnt hat, ermöglicht, alle eure gottgegebenen Fähigkeiten auszuleben, welche euer göttliches Geburtsrecht darstellten. Ihr wart in der Lage, Leben mit einer Dauer von 20.000 bis 30.000 Jahren zu leben, die Wahl lag bei euch. Ihr konntet leben solange ihr wolltet und eure Inkarnation willentlich verlassen, wann immer ihr dies gewünscht habt. Die dreifaltige Flamme gestand euch sozusagen natürliche Unsterblichkeit zu, und ebenso die natürliche Anwendung all der Magie und von allen Attributen eurer Göttlichkeit.

Ihr seid „unsterbliche Götter", nach dem Bilde eures Schöpfers erschaffen, ohne Begrenzungen. In ferner Vergangenheit habt ihr das Leben, über hunderte und tausende von Jahren hinweg, auf diese Weise auf der Erde erfahren. Nichts wurde euch als göttlichen Wesen vorenthalten. All das Wissen des Universellen Geistes lag in euren Fingerspitzen als euer natürliches Geburtsrecht. Als kollektive Zivilisation habt ihr diese Privilegien sehr stark missbraucht.

Als die Menschheit anfing, diese göttlichen Gaben zu missbrauchen, verringerten sich diese stetig, entsprechend dem Grad ihres Missbrauchs. Diese Gaben, meine Freunde, können nur erhalten und wiedergewonnen werden, wenn der ursprüngliche

Stand des Bewusstseins, der bedingungslosen Liebe, der Harmonie, der rechten Anwendung des Willens, der Kraft und der göttlichen Weisheit im Bewusstsein, in den Gefühlen und in den Handlungen bestehen bleibt.

Als die beiden Hauptkontinente Atlantis und Lemuria sanken und die Mehrheit der Hauptzivilisationen von Lemuria und Atlantis verloren gingen, verkündete Vater/Mutter-Gott, dass der einzige Weg für die Menschheit zurück in die Gesamtheit und in das ursprüngliche Gottesbewusstsein über die Reduzierung der dreifaltigen Lebensflamme auf weniger als 16 mm führen würde. Die Menschheit konnte auf diese Weise nicht mehr die Kräfte und Energien Gottes missbrauchen, so wie sie es zuvor getan hatte. Und seitdem, ihr Lieben, habt ihr nur noch 2 funktionierende DNS-Stränge und somit nur einen sehr kleinen Teil der ursprünglichen dreifaltigen Flamme des Lebens, die in euren Herzen brennt.

Euer Rückweg in die Einheit ist eine lange und schmerzvolle Reise gewesen. Aber wisst, dass es für Gott der einzige Weg war, um euch zu retten.

Alle anderen Versuche eures Schöpfers, euch in die Einheit zurückzubringen, schlugen fehl und eurer freie Wille, Gottes Energien zu missbrauchen, wurde respektiert. Nun zeichnet sich ein großer Silberstreifen am Horizont ab. Ein großer Prozentsatz der Menschheit hat Weisheit und Wissen über ihren Ausflug in die Trennung erlangt. Ihr habt nun im Kontext mit dem freien Willen euren Wunsch zur Rückkehr in die Einheit deutlich gemacht. Euer

Schöpfer hat in großer Liebe und großem Mitgefühl auf diesen Tag gewartet, an dem er euch alle eure ursprünglichen Gaben rückerstatten kann.

Eure Zeit der Erlösung ist nun hier und alles, was ihr scheinbar verloren hattet, wird euch wieder komplett zurückgegeben. Es war nie wirklich verloren. Eure Göttlichkeit kann euch niemals weggenommen werden, denn sie ist eure wahre Natur. Sie war für euch nur verschleiert, um euch die Manifestation von Erfahrungen und Lektionen zu ermöglichen, die das Wissen um das Göttliche für alle hervorgebracht haben. Ihr habt euer Zuhause nur verlassen um eure Heimreise anzutreten und jetzt steht ihr an der Schwelle einer großartigen und glorreichen Wiedervereinigung mit allem was ihr seid.

Wir in Telos scheinen uns nur deswegen so von euch zu unterscheiden, weil wir ganz natürlich und jederzeit unsere gesamte Göttlichkeit ausdrücken.

All die Attribute unserer Göttlichkeit haben wir vor sehr langer Zeit durch den Entwicklungsweg, den wir für uns gewählt haben, wieder erlangt. Die Wiederherstellung eurer Göttlichkeit wird euch schnell auf den Stand der Gnade bringen, den wir jetzt in unserer eigenen Evolution genießen. Wir haben uns entschlossen, hier in unserem gegenwärtigen Stadium zu verweilen und den Tag abzuwarten, an dem wir uns wieder in die Oberflächendimension einbringen können, um euch die Vorbilder zu sein, die ihr nun über 12.000 Jahre hinweg entbehrt habt. Diese Mentorenrolle wird euch dabei unterstützen, sehr schnell die

Vervollständigung eurer Gottespräsenz anzunehmen und in eurem täglichen Leben zur Entfaltung zu bringen. Ihr werdet dann wissen, dass wir alle gleich sind.

Wir sind eure älteren Brüder und Schwestern und wir lieben euch sehr. Wie groß ist doch unser Sehnen danach, wieder bei euch zu sein, von Angesicht zu Angesicht, und euch dabei zu helfen, den „ganzen Weg nach Hause" zurückzugelangen. Ergreift unsere Hände und es wird funktionieren. Alle Wesenheiten der lichten Reiche stehen auf Abruf bereit und bereiten sich darauf vor, euch bei eurer Heimreise zu assistieren. Kommt heim, meine Geliebten, kommt heim! Die 5. Dimension erwartet jetzt eure Rückkehr!

Wir können euch nicht gegen euren Widerstand nach Hause bringen; ihr müsst eure Herzen und euren Geist öffnen und täglich bewusst die Entscheidung treffen, nach Hause zurückzukehren!

Diejenigen von euch, die diese Entscheidung für sich treffen, werden ihren physischen Körper mit sich „nach Hause" nehmen. Zu dieser Zeit der Erdgeschichte, in der sich alles Leben im Prozess der Erlösung befindet, müsst ihr euren Körper nicht mehr zurücklassen, so wie es die vergangenen tausenden von Jahren der Fall war. Ihr müsst nicht mehr körperlich sterben. Euer Körper wird sich transformieren und unsterblich und unbegrenzt werden, geradeso wie unsere Körper. Wählt dies bewusst, öffnet euch selbst dieser Perspektive und nehmt diese göttliche Gnade von eurem himmlischen Vater/Mutter-Gott an.

Wird die 3. Dimension nach der Großen Anhebung noch existieren?

Dies ist eine Frage, die wir noch nicht vollständig mit der Genauigkeit beantworten können, die ihr von uns zu hören wünscht. Viel ist noch in der Schwebe, vieles ist noch nicht entschieden oder noch nicht bekannt. Es ist sicher, dass die 3. Dimension noch für eine gewisse Zeit weiterhin existieren wird, aber ich sage euch auch, meine Freunde, dass nach der Anhebung der Erde der physische Planet sich weiterhin selbst ausbalancieren wird und dass es für euch nicht besonders wünschenswert sein wird, dann noch in dieser Dimension zu sein.

Darum ermutigen wir euch so sehr, mit der Großen Anhebung in die höheren Dimensionen zu gelangen. Auf diesem Planeten existieren mehrere potenzielle Zeitlinien simultan und jeder von euch wird unterschiedliche Szenarien erleben. Die Menschen werden die Szenarien der Zeitlinien erleben, die in Resonanz mit ihrem Bewusstsein stehen. Da werden diejenigen sein, die sich dafür entscheiden, hier in der 3. Dimension zu bleiben und wir sehen voraus, dass ihr Leben mit einer Menge Schwierigkeiten verbunden sein wird. Das ist nicht, was wir für die Mehrheit der Menschen anstreben oder wünschen. Ihr habt jedoch den freien Willen und dieser wird bis zum Schluss berücksichtigt werden.

Was für die Erde und von der Erdmutter für ihren 3-dimensionalen Körper gewünscht wird, ist, letztendlich zu erkennen, dass die 3. Dimension vollständig von aller Negativität geheilt wird und auf die höchste Ebene dieser Dimension gelangen wird anstatt auf der untersten Ebene zu verweilen, auf der jetzt alles seit geraumer Zeit gewesen ist. Sie möchte ihren Körper vollständig wiederhergestellt sehen und die göttliche Perfektion, die exquisite Schönheit und die Balance zum Ausdruck bringen, die sie am Anbeginn ihrer Schöpfung innehatte.

Auch wenn eine neue Evolution in der 3. Dimension auf diesem Planeten nach der Anhebung nicht mehr stattfinden wird, würde die Erde gerne für Wesenheiten aus vielen unterschiedlichen Königreichen und Zivilisationen höherer Dimensionen die Gelegenheit aufrecht erhalten auch weiterhin die hohe Ebene der Körperlichkeit der 3. Dimension zu genießen, wann immer sie dies möchten.

Damit würde man erreichen, dass es auf dem Planeten für die Menschheit, die Engel und die Meister wie vor dem „Fall" war – durch ein leichtes und bewusstes willentliches Absenken der Schwingung. Alle konnten die 3. Dimension genießen, solange sie wollten, als Urlaub beispielsweise und wieder ihrem Willen gemäß in die höheren Dimensionen zurückkehren, aus denen sie stammten. Und außerdem, wenn die Negativität erst einmal vollständig eliminiert ist und der Originalzustand der Erde wiederhergestellt ist, werden Wesen aus allen Dimensionen dieses Planeten und darüber hinaus in der Lage sein, hier auf die Oberfläche zu kommen, um eines der herausragendsten „Feriengebiete" zu erfahren, die das Universum anzubieten hat.

Dies ist der Versuchsplan, ihr Lieben, aber er ist noch nicht garantiert. Wenn ihr jetzt nicht aufhört, die Erde kaputt zu machen und zu verschmutzen und ihre Ressourcen auszubeuten, könnte es für diese Wiederherstellung zu spät sein.

Sie kann nur geschehen, wenn alle von euch, die gegenwärtig inkarniert sind, jetzt auf der Stelle innehalten, um die Erde zu achten und zu respektieren, die „Kosmische Mutter", die euch mit ihrer Liebe und ihrer Freigebigkeit erhalten hat. Ihr Körper war für euch eine einzigartige Plattform der Evolution, die ihr in dieser Weise nirgendwo anders in diesem Universum hättet erfahren können.

Alle von euch auf diesem Planeten müssen JETZT für die Rettung und Wiederherstellung der Erde einstehen. Viel Boden und Wasser sind bis heute in großem Ausmaß verschmutzt, verwüstet, zerstört und ausgebeutet worden, dass euer Planet jetzt an einen Punkt gelangt, an dem keine Umkehr mehr möglich ist. Ihr seid diejenigen, die über den zukünftigen Kurs der 3-dimensionalen Existenz unseres Planeten entscheiden. Viele von euch haben sich willentlich zu dieser Zeit einzig und allein aus dem Grund der Unterstützung der Erde inkarniert.

Wenn ihr jetzt nicht euren Kurs des Wahnsinns ändert, wie ihr eure „Mutter" bisher behandelt habt, wird sie bald nicht mehr in der Lage sein, in der von euch erwarteten Weise das Leben auf ihrem Körper aufrechtzuerhalten. Wir wiederholen, was wir schon einmal gesagt haben: „Eure Mutter ist ein bewusstes, lebendes, atmendes Wesen von außergewöhnlicher kosmischer Größe. An diesem Punkt kann sie den Missbrauch der Menschheit nicht länger hinnehmen und ihrem 3-dimensionalen Körper gestatten, euch zu dienen."

Wenn ihr sagt, dass Lemuria bis heute in der höheren Dimension existiert, wo werden die Menschen dann weiterleben? Existiert die Inka-Zivilisation auch noch in der 5. Dimension?

Als unser Kontinent - unser geliebtes Lemuria - unterging, hob unser Vater/Mutter-Gott ihn auf die Ebene der 4. Dimension an, auf der wir weiterhin gedeihen und uns entwickeln konnten. Später dann, als wir uns zu einer höheren Lebensweise und einem entsprechenden Bewusstsein hin entwickelt hatten, wurden wir noch einmal auf die 5-dimensionale Frequenz angehoben. Nur der 3-dimensionale Aspekt von Lemuria wurde zerstört.

Ihr müsst realisieren, dass auf Grund der Tatsache, dass wir in allen Dimensionen simultan existieren, Lemuria und die anderen Kontinente damals ebenfalls simultan existierten und dies ebenso in der 4. und 5. Dimension noch heute tun. Zur Zeit Lemurias – vor dem Abfall des Bewusstseins – wart ihr alle in der Lage, bewusst zwischen den Dimensionen hin und her zu reisen. Ihr konntet eure Schwingung durch eure Absicht zwischen der 3. Dimension und der 5. Dimension variieren, mit großer Leichtigkeit und Anmut und gemäß dessen, was ihr tun oder sein wolltet. In jenen Tagen gedieh alles Leben jederzeit in perfekter Harmonie und es gab keine Schleier zwischen den Dimensionen, wie es sie heute gibt. Diese Schleier wurden durch den Missbrauch der Gottesgaben von der Menschheit erzeugt; auch wenn uns dieser Missbrauch letztendlich die größte Weisheit von allen erschlossen hat. Die Schleier sind ein Schutz für die anderen Dimensionen, die von der derzeitigen physischen, emotionalen und spirituellen Toxizität verschont bleiben wollen.

Wenn wir sagen, dass Lemuria auf die 4. und 5. Dimension angehoben wurde, geschieht dies aus dem Verständnis heraus, dass Lemuria in diesen Dimensionen bereits existierte. Was angehoben wurde, waren die Energien und die ätherische Blaupause des Landes und der noch im Lichtdienst befindlichen Tempel sowie die der Menschen, die noch gemäß Gottes Plan ausgerichtet waren. Es war ein Anheben all der lemurianischen Energien und der Kultur, die früher einmal auf einer solch hohen Bewusstseinsebene existiert hatte. Alles, was noch an Licht und Liebe in dem Lemuria der 3. Dimension zur Zeit des Untergangs übrig war, alles, was zu dieser Zeit erlöst werden konnte, wurde angehoben. Es war eine Vermischung und Verschmelzung von Energien der oberen 3. Dimension mit der 4. Dimension.

Die Inka-Zivilisation stieg schon vor längerer Zeit in die 5. Dimension auf, wo auch sie ihre Evolution fortsetzen konnte und nun darauf wartet, euch in ihrer Mitte begrüßen zu dürfen.

Wird Lemuria einfach wieder im Pazifischen Ozean erscheinen? Wird die Topographie der Erde dann völlig anders sein?

Es ist unwahrscheinlich, dass in der 3. Dimension der ganze Kontinent von Lemuria wieder im Pazifik erscheinen wird. Allenfalls könnten einige der Pazifischen Inseln die früher Bergspitzen waren, größer werden und mehr Land umfassen. Die Topographie der Erde wird einigen größeren Veränderungen unterliegen, wenn sie sich auf eine höhere Bewusstseinsebene begibt, aber sie wird sich nicht vollständig verändern.

Die Erde ist auf dem Weg, sich einigen größeren Veränderungen zu unterziehen. Eure Mutter Erde muss sich reinigen und erneuern, bevor sie erst auf die 4. und später dann auf die 5. Dimension angehoben wird. Wir bitten euch darum, ihr diese Veränderungen zu erlauben ohne irgendetwas davon zu bewerten. Sie hat über Millionen von Jahren hinweg viel Missbrauch von der Menschheit auf ihrem Körper toleriert und euch gestattet, den freien Willen zu erfahren. Sie hat im Gegenzug wenig Dankbarkeit und Respekt erfahren und mittlerweile keine andere Wahl mehr, als sich selbst zu erneuern, wenn sie weiterhin in der Lage sein soll, eine sich entwickelnde Menschheit auf einer höheren Ebene zu beherbergen. Betrachtet alles, was geschehen wird, als eine Art „Heilungskrise", als einen notwendigen Schritt bei der Reinigung der physischen und ätherischen Körper der Erde.

Wiederum bitten wir euch, Mitgefühl zu zeigen und ihre Reinigung und Erneuerung zu gestatten und zu unterstützen. Dies wird ebenso zu eurem Nutzen sein, auch wenn dieser Prozess für eine Weile den Anschein von chaotischen Umständen haben mag. Das Leben auf diesem Planeten, so wie ihr es kennt, wird bald eine Serie von umfassenden Transformationen erfahren.

Die Glocken läuten bereits für die Vollendung einer Ära, die für die Menschheit schwierig und schmerzvoll gewesen ist.

Nach den Veränderungen werdet ihr fähig sein, einen gewissen Grad an Körperlichkeit aufrechtzuerhalten, geradeso wie wir. Ihr werdet in der Lage sein, euch selbst als „real" und physisch zu erfahren, in der Art wie ihr es jetzt tut. Euer ureigenstes Wesen und alles um euch herum wird sich auf eine neue Ebene der Perfektion, Ausdehnung und Klarheit anheben. Ihr werdet eine neue Bewusstseins- und Perfektionsebene zu integrieren haben. Wenn ihr eure Wahrnehmung ändert, wird sich alles um euch herum anpassen und zusammen mit euch verändern.

Die Erde schifft sich nun gemeinsam mit einem Großteil der Menschheit für das große Abenteuer ein. Ihr habt über eine sehr lange Zeit hinweg um eine göttliche Intervention für eure Welt gebetet und diesbezügliche Bitten ausgesprochen und eure Gebete werden nun erhört. Zuerst müsst ihr die Unordnung aufräumen, die ihr in der 3. Dimension angerichtet habt und immer noch anrichtet und Mutter Erde erlauben, ihren Körper zu reinigen. Ihr müsst anerkennen, dass die Erde eure kosmische Mutter ist, die euch mit einer Evolutionsplattform ausgestattet hat.

Werdet euch bewusst, dass die Nutzung der für euch als so selbstverständlich scheinenden Ressourcen der Erde eine große Verheerung in und auf ihrem Körper anrichtet. Wisst ihr, dass die Bäume, die ihr so einfach und in großen Mengen schlagt, ihre Lungen sind, dass ihre Kristalle ihr Arteriensystem sind und dass ihr Öl, das von euch so unbarmherzig und extravagant verbrannt wird, ihr Blut ist? Ihre Mineralien und Edelsteine, die ihr bedenkenlos abbaut, sind ebenso ein Teil ihres Energiesystems. Ihr müsst lernen, die Ressourcen der Erde in viel bewussterer Weise zu nutzen, als es bisher der Fall war.

Ihr müsst auch beginnen, das Bewusstsein der höheren Dimensionen wahrzunehmen, um dort angenommen zu werden.

Bewahrt Frieden und Liebe in euren Herzen

Galatia von Telos

Seid gegrüßt, ihr Lieben, mein Name ist Galatia und man kennt mich in Telos als Adamas Ehefrau. In Telos bin ich auch bekannt als „Kaelaea", das ist mein Spitzname.

Ich freue mich, an diesem schönen Tag hier zu sein, mitten in der Süße von euch allen und der Erde, um meine Liebe und meinen Frieden mit euch zu teilen. Unser Treffen hier und heute ist wirklich eine sehr heilige Angelegenheit und wir wissen, dass es noch viel mehr dieser Zusammenkünfte geben wird. Es ist mein Wunsch, in eurem Bewusstsein die Wichtigkeit zu verstärken, die derzeit in der Verbreitung der Botschaft Lemurias unter der Erdbevölkerung liegt.

Es gibt in Lemuria viele Wesen, so wie mich, Adama, Ahnahmar, Celestia, Angelina und mehrere andere, die zu dieser Zeit durchdringen, um die Herzen derer zu berühren, die ihre lemurianischen Wurzeln vergessen haben. Es ist wirklich traurig, dass ein solch wichtiger Teil der Erdgeschichte für so eine lange Zeitperiode verloren war, nur weil die Erinnerung daran für die Menschheit zu schmerzvoll gewesen ist.

Jetzt kommen wir wieder zusammen als Brüder und Schwestern der Vergangenheit, der Gegenwart und der zukünftigen Zeit von Lemuria und Telos, um eure Erinnerungen daran zu erwecken, wie Lemuria gewesen ist. Wir bringen euch unsere Schätze, unsere

Geschichte, unsere Herzen und unsere Erinnerungen, um die Herzenserinnerungen der Geschichte in denen zu entflammen, die dabei waren und ebenso in denen, die nicht dabei waren.

Für diejenigen, deren Herzen sich nach Informationen höherer Natur von einer Zivilisation des Lichtes, der Liebe, des Nährens und der Einheit sehnen, enthüllen wir nun eurem äußeren Bewusstsein schrittweise unsere Geschichte. Aus der Vergangenheit wieder zurück in der Gegenwart, bitten wir nun die Bewohner der Erdebene durch Stimmen wie eure um Zusammenarbeit mit denjenigen, welche die Neue Erde erschaffen und „zur Welt bringen".

Ihr Liebsten, viele Jahre hindurch habt ihr um den Himmel auf Erden gebetet und ihr wusstet nicht wirklich, worum ihr dabei gebetet habt und wie dies sich in eurer Welt manifestieren könnte. Ihr wisst alle, dass das Leben lange Zeit auf der Oberfläche nicht sonderlich einfach gewesen ist. Viele eurer Lebenszeiten fühlten sich eher an wie eine Reise durch die Hölle, anstatt durch den Himmel. Und „Himmel auf Erden" waren lediglich gesprochene Worte in Gebeten oder in der Vorstellung darüber, wie das Leben auf der Erdoberfläche sein könnte, ohne das wahre Wissen des Herzens. Es reicht nicht aus, sich nur durch Worte an die Muster zu erinnern; es ist viel wichtiger, sich an Muster durch die Energien des Herzens zu erinnern.

Eure Gruppe, die heute hier mit der Absicht zusammenkommt, die Erinnerung an das Herz von Lemuria zu erwecken, hilft jetzt bei der Wiederbelebung dieser Erinnerungen mit, die einmal nur

Teil einer verloren gegangenen Geschichte zu sein schienen. Ja, diese Erinnerungen haben weitergelebt, sind weiter gediehen und haben bis zu diesem Moment in der heutigen Zeit überlebt. Sie sind jetzt wieder mit der Gegenwart verbunden und können dabei helfen, das Neue zu erschaffen. Wir in Telos haben nun die Ehre und sind sehr aufgeregt, euch helfen zu dürfen. Wir sind aufgeregt über die Rolle, die wir hinsichtlich dieser Vereinigung der Visionen für die Neue Erde spielen können. Es ist für uns eine höchste Ehre und Freude mit jenen zu arbeiten, die bereit sind, diese Information und Weisheit für die Transformation vieler zu empfangen.

Heute senden wir euch allen unsere göttliche Liebe und Segnungen. Wir sagen euch, dass wir die Zeit der großen Wiedervereinigung mit euch allen schon lange erwartet haben. Wir bitten euch um Empfänglichkeit und Offenheit in Bezug auf die neuen Lehren und Konzepte, die euch präsentiert werden, um euch bei eurem persönlichen Erwachen und eurer planetaren Evolution zu helfen. Haltet eure Zukunftsvision für den Planeten und für die Art der Welt, die ihr erschaffen und in der ihr leben wollt, hoch. Was immer ihr sonst noch für euer Überleben in dieser Zeit für wichtig erachtet, zögert nicht innezuhalten, wenn ihr von eurem Herzen dazu aufgerufen werdet und euch zu erinnern, zu lieben und dies zu fühlen.

Wenn ihr Frieden wollt, Liebe und Fülle, ihr Geliebten, bewahrt diese göttlichen Qualitäten in euren Herzen in perfekter Harmonie und in der Einheit des Bewusstseins. Was ihr wirklich manifestieren möchtet, mit dem müsst ihr euch zunächst selbst bewusst und voller Liebe verbinden. An diesem Dreh- und Angelpunkt des Erdübergangs erwarten wir von euch, dass ihr in euren Leben ernsthaft eure wahren Werte und Prioritäten überdenkt. Ihr könnt sicher sein, dass das, was ihr als eure Prioritäten und wahren Werte anseht, euren Absichten und Zielen entspricht, die ihr euch selbst vor dieser Inkarnation gesetzt habt.

Was ihr auf dieser Erdenebene tut, ihr Lieben, alle eure Projekte und Aktivitäten, ist immer zeitlich begrenzt und einfach Teil eines Zeitabschnittes. Doch wozu auch immer ihr durch das Annehmen eurer göttlichen Natur geworden seid, bleibt bei euch bis in alle Ewigkeit.

Lebt jeden Moment an jedem Tag mit dem achtsamen Bewusstsein, dass ihr ein göttliches Wesen in einer menschlichen Erfahrung seid. Denkt daran, dass ihr euch entschieden habt, zu dieser Zeit hierher zu kommen, in diese Inkarnation, mit einer festen Absicht und der Ausrichtung, euren Körper und eure Inkarnation unsterblich zu machen, indem ihr vollständig all die göttlichen Qualitäten eurer göttlichen Gesamtheit verkörpert.

Seid euch vollkommen darüber bewusst, dass sich eure Göttlichkeit nicht automatisch ohne eure volle Absicht und euer stetiges Bewusstsein in jedem Moment manifestieren wird.

- Was auch immer ihr in allen Aspekten des täglichen Lebens tut, tut es immer als einen Akt der Liebe.

- Was auch immer ihr sagt, drückt es stets in Worten der Weisheit, Liebe, des Mitgefühls und des Verständnisses aus.

- Was immer ihr euch in euren täglichen inneren Dialogen gestattet zu denken, schließt dabei das Bewusstsein Gottes und der Lichtreiche in eure Herzen.

- Schon bald werdet ihr das gesuchte Paradies genießen können.

In dieser kurzen Mitteilung möchte ich euch noch wissen lassen, dass ihr von uns allen in Telos zutiefst geliebt werdet. Es ist uns immer ein Vergnügen, wenn ihr euch entscheidet, wieder mit uns in Verbindung zu treten. Im Namen der lemurianischen Schwesternschaft von Telos übermittle ich euch allen unsere tiefste Freundschaft und Liebe.

Das gesamte Erschaffen

beginnt zuerst in eurer Vorstellung.

Sie ist euer Werkzeug für die bewusste Manifestierung.

Gebraucht sie, um Positives hervorzubringen

und eure wildesten Träume

werden sich manifestieren.

Adama

13. Kapitel

Der Große Lemuria Jadetempel von Telos und die Flamme der Heilung des fünften Strahls

Adama spricht zu uns über Heilung und Lemuria. Eine tiefgehende Meditation führt uns zum Großen Jadetempel von Telos, an dem wir unsagbare Heilung und Erneuerung erfahren können.

Seid gegrüßt, meine Freunde, hier ist Adama von Telos. Wann immer wir eingeladen werden, mit euch in Kontakt zu treten und unsere Lehren weiterzugeben, ist dies stets ein Moment großer Freude und Erfüllung für uns alle in Telos. Heute würden wir uns gerne dem Thema Heilung in neuer Weise nähern und einen wundervollen Heilungstempel in euer Bewusstsein bringen, den wir hier in Telos haben - den Großen Jadetempel. Der Zugang zu diesem ehrfurchtgebietenden Tempel ist seit dem Untergang unseres Kontinentes der Oberflächenbevölkerung verwehrt gewesen.

Kürzlich jedoch sind die Türen zu diesem großartigen Tempel der Heilung wieder allen geöffnet worden, die ihn besuchen wollen. Ihr seid eingeladen, in euren Ätherkörpern hierher zu kommen, euch anzuvertrauen, zu reinigen und auf einer neuen Ebene des Verständnisses über Heilung zu lernen. Diese Neueröffnung ist in der Tat ein Privileg, das alle von euch auf der Oberfläche in Anspruch nehmen und zu ihrem Vorteil in diesen Zeiten großer Veränderung und Heilung für die Menschheit und für den Planeten nutzen können.

Der Große Jadetempel war in der Zeit von Lemuria ein physischer Tempel und sein Hauptzweck war die „Heilung" im wahrsten Sinne des Wortes. Der Tempel wurde zum ersten Mal in der glorreichen Zeit Lemurias errichtet und hunderttausende von Jahren segneten seine Energien das Leben der Menschen. Innerhalb des Tempels brannte die unauslöschliche Flamme der Heilung für den Planeten. Die unauslöschliche Flamme wurde vom Königreich der Engel genährt, vom Heiligen Geist und auch von der Liebe der Menschen von Lemuria. Die Energien dieses Tempels hielten die Balance der wahrhaftigen Heilung für den Planeten selbst, für seine Bewohner und ebenso für die Erdmutter.

Als wir realisierten, dass unser Kontinent in Gefahr schwebte und letztendlich zerstört werden würde, wussten wir auch, dass der Tempel in seinem physischen Ausdruck verloren sein würde. Wir nahmen daher den Bau seiner physischen Replikation in Telos vor. Obwohl die Replikation etwas kleiner als der Originaltempel ist, wurden all die Aufzeichnungen der Energien der „unauslöschlichen Flamme der Heilung" seit seiner Entstehung hierher nach Telos überbracht. Sie gewinnen noch bis zum heutigen Tag an Triebkraft. Diese ehrfurchtgebietende Heilenergie war für diesen Planeten nie verloren; auch nicht mit der Zerstörung unseres Kontinentes. Alle seine Energien und Schätze wurden vor dem Untergang von Lemuria verlagert.

Die Planung für den Bau des Replikates dieses Tempels und die Verlagerung seiner Energien fand ein paar tausend Jahre, bevor Lemuria sank, statt. In Telos wurden zu dieser Zeit auch viele andere Replikationen wichtiger Tempel auf die gleiche Weise gebaut. Um unsere Kultur und so viele Leute wie möglich zu retten, mussten wir unsere Strategie fünftausend Jahre im Voraus zu der tatsächlichen Zeit der vorhergesagten Kataklysmen planen.

Heilung wird zu dieser Zeit für euch alle so dringend benötigt, und darum haben wir die Türen des Großen Jadetempels geöffnet, um der Menschheit jetzt beizustehen.

Es ist uns ein großes Vergnügen, euch einzuladen, nachts in euren Ätherkörpern hierher zu kommen und ein viel größeres Verständnis von Heilung zu erhalten als das, was ihr gegenwärtig habt. Wenn ihr hierher kommt, gibt es eine große Anzahl von uns, die immer bereit sind, euch spirituell „unter ihre Fittiche" zu nehmen und euch bei der Heilung der tiefen Traumata und Sorgen der Vergangenheit und Gegenwart beizustehen. Wenn ihr die inneren Schmerzen und Traumata heilt, werdet ihr auch die schwierigen Umstände in euren Leben und Körpern heilen.

Äußere Schmerzen und Schwierigkeiten sind immer der Spiegel innerer Schmerzen und Ängste. Sie spiegeln euch, was in eurem Bewusstsein geheilt und transformiert werden möchte. Wir können jedem von euch, der hierher kommt, drei Berater zuweisen. Ein Berater fokussiert sich mit euch auf euren Emotionalkörper, der zweite fokussiert sich mit euch auf euren Mentalkörper und der dritte fokussiert sich auf die Heilung eures physischen Körpers, alle in vollkommener Harmonie und synchron miteinander. Auf diese Art und Weise erfährt eure Heilung eine größere Balance, als wenn ihr euch nur auf einen Aspekt eurer selbst konzentriert ohne eure internen Programme zu verstehen und zu transformieren. Ihr wisst, wenn ein Aspekt von euch nicht in perfekter Balance ist, betrifft dies auch alle anderen Aspekte eures Seins.

Wie kommt man in seinem Ätherkörper in den Großen Jadetempel?

Durch Absicht, meine Freunde! Was ihr tun müsst, ist eine Absichtserklärung abzugeben, dass ihr in diesen Tempel kommen möchtet, sei es in eurer Meditation oder bevor ihr abends zu Bett geht. Ihr könnt beispielsweise folgendes Gebet zu eurem Gottselbst und euren Geistführern und Meistern sprechen: „Ich richte an das Gottselbst meines Seins die Bitte, heute nacht in den Großen Jadetempel nach Telos gebracht zu werden. Ich bitte nun meine Führer, Meister und Engel mich dorthin zu bringen, während mein Körper von den Aktivitäten des Tages ausruht." Ihr könnt auch eure Bitten in eigenen Gebeten ausdrücken. Erklärt eure Absicht, dass ihr hierher kommen möchtet, um euch zu erneuern, zu reinigen, um Heilung zu erfahren, um beraten zu werden oder einfach, um mit uns in den Energien der Flamme der Heilung zu kommunizieren.

Wir wissen, wie wir uns um euch kümmern werden, wenn ihr hier ankommt. Grundsätzlich wisst ihr in euren höheren Seelenkörpern selbst, wie ihr hierher gelangt. Vertraut einfach darauf, dass es geschieht, auch wenn ihr beim Erwachen keine bewusste Erinnerung an eure Erfahrung habt. Dann sollte es noch nicht sein. Euer Ätherkörper sieht fast genauso aus, wie euer physischer Körper, er ist nur perfekter. Es fühlt sich auch genauso physisch an, wenn ihr in eurem Ätherkörper seid. Darauf bewegt ihr euch in Zukunft zu. Euer transformierter Körper wird sich für euch auch sehr physisch anfühlen, obwohl er viel von seiner Dichte verloren hat und seine Frequenz auf viel höherer Ebene vibriert.

Im Prozess der Transformation eures Bewusstseins und eures physischen Körpers verliert ihr nichts. Ihr integriert höhere, viel subtilere Schwingungen und höheres Licht. Ihr werdet viel von eurer unerwünschten Dichte loslassen. Euer Körper wird sehr verfeinert werden, viel schöner sein, unbegrenzt, unsterblich und er wird sich genauso physisch anfühlen, wie er es jetzt tut, außer dass ihr keine Begrenzungen irgendeiner Art darin erfahren müsst. Ihr werdet in Gedankenschnelle reisen und das wird eine Menge Spaß bringen, ich verspreche es euch!

Was wären einige der angemessensten Bitten, die jemand zum Tempel der Heilung bringen könnte?

Grundsätzlich haben die meisten Leute auf diesem Planeten irgendwelche physischen Probleme und viele verborgenen Ängste, die viele Herausforderungen in ihren täglichen Leben auslösen. Ihr habt auch Emotionen, die in eurem Unterbewusstsein und Unbewussten festsitzen und die eurer Seele aus vielen vergangenen Erfahrungen eingeprägt sind und die nicht einfach nur schmerzlich, sondern oft sogar sehr traumatisch waren. Diese Erfahrungen waren die Lektionen, die für euren evolutionären Pfad benötigt wurden. Jeder hat eine Ansammlung emotionaler Traumata aus vielen tausenden Verkörperungen in seinem fühlenden Körper. Was nun benötigt wird, ist ihre endgültige Auflösung für die abschließende Reinigung, Heilung und für das Einbringen der größeren Weisheit, für die diese Erfahrungen geschaffen wurden. Jede Erfahrung, die in der entsprechenden Lebenszeit nicht geklärt worden ist, wird in allen weiteren Lebenszeiten wieder und wieder das selbe Programm abspielen, bis wahre Heilung, Weisheit und Verstehen in den Tiefen der Seele stattfinden.

Die Traurigkeit, die Sorgen, der Kummer, jedes emotionale Trauma und alles, was ihr erfahrt und nicht eure natürliche reine Freude, Glückseligkeit und Ekstase eures Seins reflektiert, sind Hinweise darauf, was es zur Heilung in euch selbst braucht. Bewusste und unbewusste Ängste halten euch zurück und sie müssen in jedermanns Bewusstsein geklärt werden. Mentale Giftstoffe, die aus Lebenszeiten kommen, in denen ihr irrige Glaubenssysteme und verzerrte Programme angenommen habt, zeigen sich nun in eurem Bewusstsein auf die eine oder andere Weise um geklärt und geheilt zu werden. Seid den Eingebungen eurer Seele gegenüber bewusst und aufmerksam. Eine Person kann die für sie momentan wichtigsten Themen wählen und sie in ihrem Geist mit zum Tempel bringen, um Befreiung davon zu erlangen.

Unsere Führer werden mit euch die Lektionen und die Weisheiten diskutieren, die in eurem Bewusstsein verstanden werden müssen und auch welche Schritte für euch notwendig sind, um euch bei der Manifestierung von beständiger und wahrer Heilung zu helfen. Eure Heilung kann mit dem Schälen einer riesigen Zwiebel mit ein paar hundert Schichten verglichen werden, die eine nach der anderen heilen werden, bis alles heil ist. Ihr werdet dann ein reiner Spiegel der Göttlichkeit werden und alle Dinge werden sich euch über eure wildesten Träume hinaus offenbaren.

Viel von dieser Arbeit – aber nicht alles – kann nachts getan werden, wenn euer Körper schläft und kann später in euer tägliches Leben integriert werden. Ihr braucht nicht zu wissen, was es mit jeder Furcht und allen vergangenen Erfahrungen auf sich hat. Alles, was ihr tun solltet, ist, diese Energien bewusst loszulassen, wie auch immer sie heißen, wie auch immer sie sich anfühlen, wenn sie in eurem Bewusstsein aufsteigen. Dies ist die Art von Arbeit, die unsere Berater mit euch tun können, weil sie Zugang zu euren Akasha-Aufzeichnungen haben. Sie können euch viel Einsicht für eure Heilung vermitteln. Ihr wiederum bringt diese neue Weisheit in euer Unterbewusstsein mit zurück und in eurem Wachzustand könnt ihr dann beginnen dies anzuwenden. Eure Meditationen mit eurer göttlichen Präsenz werden wiederum größere Bewusstwerdung in euer Bewusstsein einbringen.

Eure innere Arbeit ist der wichtigste Schritt, den ihr derzeit tun könnt, um eure Evolution anzukurbeln und den Weg für euer nach Hause kommen zu bereiten.

Unsere Berater im Tempel werden euch auf Seelenebene eine sehr umfassende Perspektive dessen vermitteln, warum ihr gewisse gesundheitliche Probleme erfahrt. Sie werden euch zeigen, warum eine bestimmte Schwierigkeit in eurem Leben besteht und wie ihr sie erschaffen habt, egal, ob sie physisch ist, mental oder emotional. Mit dem Beistand unserer Berater werdet ihr lernen, euch selbst und alle eure Schmerzen und Verzerrungen, die in eurer Seele eingeprägt sind, zu heilen. Bevor jegliche vollständige und dauerhafte Heilung stattfinden kann, müssen die emotionalen Ursachen und Verzerrungen eures Glaubenssystems benannt und losgelassen werden. Ich beziehe mich hier nicht auf Lösungen für kurzzeitige Hilfe, sondern auf beständige Heilung.

Wisset, dass alle physischen Probleme, selbst wenn sie als Unfälle erscheinen mögen, immer ihre Wurzeln im Emotionalkörper und Mentalkörper haben. Mentaler Stress und mentale Krankheiten haben ihre Wurzeln in den Emotionen. Der Emotionalkörper ist der wichtigste Bereich, um mit eurer Heilung zu beginnen. Die Traumata aus den Zerstörungen der Kontinente von Lemuria und Atlantis, bei denen Menschen über Nacht von ihren Lieben und Familien getrennt wurden, haben viel Furcht, Traurigkeit, Sorgen und Verzweiflung für die Seelen der Menschheit ins Leben gerufen und ihr habt diese Traumata Lebenszeit um Lebenszeit mit euch herumgetragen.

Es ist nun Zeit, die Vergangenheit vollständig zu heilen und ein brandneues Paradigma der Liebe, Grenzenlosigkeit und unvorstellbaren Gnade für euer Leben und für den Planeten anzunehmen. Wir in Telos sind eure Brüder und Schwestern, enge Freunde aus der Vergangenheit, die euch alle so sehr lieben. Es ist uns eine Freude, euch alle Unterstützung angedeihen zu lassen, die uns derzeit zum Zweck eurer vollständigen Transformation, Wiederausrichtung und eures Aufstiegs in die Reiche von Liebe und Licht gestattet ist.

Wir sind uns bewusst, dass das Maß an Schmerz auf der Oberfläche so riesig gewesen ist, dass die meisten von euch ihre Herzen als eine Schutzmaßnahme gegen diesen nicht länger erträglichen Schmerz verschlossen haben. Ihr habt euch entschlossen, in einem Überlebensmodus zu existieren, anstatt die Lebensfreude anzunehmen.

Wir haben uns auch von so vielen wundervollen Aspekten unserer Selbst abgetrennt, um hier in dieser 3. Dimension zu überleben. Wie können wir dieses Trauma nun in ein paar kurzen Jahren heilen und uns für die große planetare Anhebung vorbereiten?

Ihr könnt dies durch eine tiefe Hingabe an den inneren Prozess erlangen, der notwendig ist, um alles zu heilen. Das „ICH BIN" eures Seins weiß genau, wie es euch in eurem Prozess der vollständigen Heilung unterstützen und auf am wenigsten schmerzvolle Weise den ganzen Weg nach Hause zurückbringen kann. Die Heilung des gesamten Schmerzes der Vergangenheit ist ein stetiger Prozess und das größte Abenteuer aller eurer vielen

Inkarnationen hier. Er führt euch Schritt für Schritt dahin, euch bewusst mit allen wundersamen Aspekten eures Höheren Selbst wieder zu verbinden. In diesem Prozess werden sich eure Herzen schätzungsweise 1000 Mal mehr öffnen, als sie es jetzt tun. Wenn eure Herzen sich öffnen, werdet ihr beginnen, alles mit den Augen der Seele zu sehen und zu verstehen.

Wisset, euer Herz ist die großartige Intelligenz eurer Seele und es ist eins mit dem Geist Gottes. Es weiß alles, bewahrt alle Erinnerungen aller Aspekte von euch seit Anbeginn und es wird euch niemals irreführen. Euer Herz ist der Teil eures Seins, den ihr wirklich wieder kennen lernen und dem ihr wirklich wieder vertrauen lernen könnt. Ihr habt eure Herzen verschlossen, ihr Geliebten, weil euer Schmerz und eure Ängste so groß gewesen sind. Es zu verschließen ist in der Vergangenheit eine Form des Schutzes für euch gewesen. Dies hat eurer Evolution auf wundersame Art und Weise gedient, die ihr eines Tages verstehen werdet, aber jetzt dient es euch nicht mehr. Es ist an der Zeit für euch alle, nach Hause in das Licht und die Liebe eurer Göttlichkeit zurückzukehren.

Viele von euch hängen an ihren alten Schmerzen und Ängsten fest, weil es so furchterregend wurde, eure Herzen der bedingungslosen Liebe zu öffnen und alle eure altmodischen irrigen Glaubenssätze loszulassen. Ihr habt Angst, dass, wenn ihr eure Herzen der bedingungslosen Liebe öffnet, ihr um so mehr Schmerz erfahrt. Eure alten Ängste und Schmerzen sind euch so vertraut geworden, dass ihr ein Ausmaß an Sicherheit und Komfort in ihnen gefunden habt.

Wie können wir nun tatsächlich unsere Herzen öffnen und unseren Emotionalkörpern gestatten, mit dem Heilungsprozess zu beginnen?

Es gibt kein Rezept, das für jeden passen würde. Jeder ist einzigartig und hat unterschiedliche Angelegenheiten zu heilen. Jeder von euch hat eine andere Zusammensetzung von Emotionen und seinen eigenen speziellen Heilungsprozess. Grundsätzlich werdet ihr den Prozess durch Entscheidung, aufrechterhaltene Absicht, bewusste und aktive Meditationen und tägliche fleißige Kommunikation mit eurem Höheren Selbst in Gang bringen. Bittet den Teil von euch, der in der göttlichen Ganzheit verblieben ist, zu offenbaren, was im jetzigen Moment Heilung braucht und es in euer Tagesbewusstsein einzubringen.

Beginnt damit, eurer ICH BIN – Präsenz mit ernsthafter Absicht zu signalisieren, dass ihr wieder vollständig sein wollt und dass ihr alle Teile von euch selbst in die Einheit integrieren wollt. Vertraut euch selbst bewusst jeglichem notwendigen Prozess an, um Heilung in vollem Vertrauen, in voller Aufrichtigkeit, in voller Liebe und in voller Hingabe zu empfangen. Seid versichert, dass ihr volle Kooperation von eurem Höheren Selbst und von den gesamten Lichtreichen erhalten werdet. Euer Heilungsprozess wird dann beginnen, sich auf allen Ebenen zu manifestieren.

Euer Höheres Selbst hat für sehr lange Zeit auf eure Rückkehr in den Zustand der Gnade gewartet. Seid seiner vollen Kooperation versichert. Gestattet euch niemals, den Prozess zu bewerten und eines Tages werdet ihr euch auf der anderen Seite des Tunnels wieder finden, in dieser wundervollen Welt, nach der ihr euch so lange gesehnt habt und von der ihr so lange geträumt habt. Euer Höheres Selbst kommuniziert mit euch durch eure Emotionen. Das bedeutet, dass ihr die ganze Zeit sehr aufmerksam sein müsst, gegenüber dem was ihr fühlt. Wenn es keine glücklichen Gefühle sind, lasst sie einfach durch das Feuer des Herzens los und bewegt euch weiter zur nächsten Heilung und wieder zur nächsten, so lange bis ihr wieder ganz seid.

Euer Höheres Selbst wird euch zum Lesen der richtigen Bücher hinführen, zum Treffen der richtigen Leute, zu Veranstaltungen und Gelegenheiten, die entlang eures Weges kommen. Wenn ihr euren Geist und euer Herz der Heilung mit beständiger Absicht und beständigem Fleiß öffnet, kann sich der Prozess mit Gnade und Leichtigkeit voran bewegen.

Euer Heilungsprozess wird fortschreiten, wenn ihr in eurer Absicht fokussiert bleibt. Es mag zuerst so aussehen, als wäre es eine Menge Arbeit und ohne Zweifel ist es das auch. Betrachtet es als eine Reise „zurück zur Sonne" eures Seins und seid gewiss, dass dieser Prozess entlang seines Weges mit Belohnungen und Geschenken erfüllt ist. Ihr seid auf dieser Reise nicht allein. Alle eure Engel, Geistführer, Meister und auch alle von uns im Neuen Lemuria begleiten euch bei jedem Schritt. Die gesamte Spirituelle Hierarchie dieses Planeten, eure Mutter Erde und die kompletten lichten Reiche stärken euch den Rücken und bieten sich an, eure Heilung zu unterstützen.

Wenn ihr in eurer Heilung fortschreitet, wird eure Energie zurückkehren. Euer physischer Körper wird beginnen, die Schmerzen und Traumata der Vergangenheit loszulassen und ihr werdet euch nach und nach verjüngen. Ihr werdet merken, dass ihr euch lebendiger und dynamischer fühlt. Die Menschheit hat nur mit 5 bis 10 % ihres Potenzials als göttliche Wesen gearbeitet. Der Rest eures Seins lag die ganze Zeit vor Ort in einem Zustand des Schlummerns. Wacht auf und heilt euch selbst. Wenn ihr eure Herzen öffnet und euren Schmerz loslasst, werdet ihr immer lebendiger. Die Freude, die ihr dabei fühlen werdet, wird sich vielfach verstärken. Eure geistigen Fähigkeiten werden sich mehr und mehr zeigen und ihr werdet denken: „Oh, gut, wir werden jetzt immer brillanter und das Leben ist so freudvoll!" Öffnet euch selbst der Gnade auf sehr bewusste Weise und gestattet euch, diese Energien täglich in eurem Körper zu empfangen.

Werden wir tatsächlich jemals den Punkt erreichen, an dem die Spiegel verschwinden?

Ja, meine Freunde. Jedes Mal, wenn ihr diese Dinge in eurem Inneren angeht, gelangt ihr tiefer und tiefer. Ihr schält die Lagen ab und einige von ihnen liegen sehr tief. Jedermann hat seine eigenen einzigartigen Schichten abzutragen, aber im Allgemeinen gibt es viele von ihnen, mit denen man sich befassen muss. Wenn ihr denkt, ihr habt die Dinge bearbeitet und ihr fangt an, euch besser zu fühlen und ihr denkt, ihr seid durch, kommen sie wieder zurück, um auf noch viel tieferer Ebene geheilt zu werden. Das ist der Grund, weshalb dies jetzt in dieser besonderen Zeit der letzten Inkarnation für sehr viele von euch endloser als jemals zuvor erscheinen mag. In dieser Lebenszeit kommt alles zusammen, nicht nur aus einer oder zwei oder sechs Inkarnationen, sondern aus der Gesamtheit aller eurer Inkarnationen auf der Erde. Dies alles manifestiert sich jetzt in eurem Leben um geheilt zu werden, auch die kleinste Angelegenheit. Es mag jetzt schlimmer als zuvor erscheinen, doch tatsächlich ist es viel weniger schlimm. Ihr schaut es nun bewusst an, zuvor habt ihr dies nicht getan.

Beeinträchtigt die Toxizität, der wir in unseren täglichen Leben begegnen, die Geschwindigkeit unseres Heilungsprozesses?

Nun ja, sie kommt zu euren Bürden hinzu. Lasst mich dies erklären. Ihr habt viele Arten von Körpern; ihr nennt es verschiedene subtile Körper. Ihr habt auch vier Hauptkörpersysteme; den physischen Körper, den Emotionalkörper, den Mentalkörper und den Ätherkörper. Jeder von diesen besitzt wiederum eine große Anzahl an Unterkörpern. Darum reden wir über 9 subtile Körper oder 12 subtile Körper oder mehr. Wir werden dies jetzt nicht vollständig erklären, weil es zu komplex für diese Durchgabe wäre. Wir werden nur auf die 4 Hauptkörper eingehen, die bei jedem für sich 25 % seiner Gesamtheit darstellen. Sie arbeiten zusammen; wenn ihr einen unterdrückt, unterdrückt ihr auch die anderen. Wenn ihr toxische Chemikalien in euren Körper einnehmt oder einatmet, seid euch darüber klar, dass bestimmte Arten von Substanzen ziemlich einfach wieder aus dem Körper ausgeschieden werden, während der Körper für die Eliminierung anderer Substanzen keine Möglichkeit besitzt.

Die Chemikalien und die Verschmutzung des 21. Jahrhunderts haben eure Nahrung, euer Wasser und die Luft so vollständig durchsetzt, dass der Körper große Schwierigkeiten hat, mit ihnen fertig zu werden. Der toxische Pegel in euren Körpern baut sich weiterhin auf. Als der Körper erschaffen wurde, haben diese Mensch-gemachten toxischen Substanzen noch nicht existiert. Sie haben eine Tendenz, sich selbst in den Zellen einzunisten und nur die richtige Anwendung von homöopathischen und schwingungsmäßigen Gaben ist in der Lage, diese nicht wünschenswerten Schwingungen auszumerzen. Es kann ziemlich kompliziert werden. Tut was ihr könnt, um eurem Körper nur die reinste Art an Wasser, Flüssigkeit und Nahrung zuzuführen. Tut, was immer ihr könnt, um euren physischen Körper zu reinigen. Wenn ihr euch körperlich nicht wohl fühlt, bauen sich eure Emotionen auf und eure geistigen Fähigkeiten sind weniger geschärft. Wenn ihr euch emotional nicht ausbalanciert fühlt, fühlt sich auch euer physischer Körper nicht wohl, weil alles miteinander verbunden ist. Ihr könnt nicht einen Teil von euch abspalten ohne das Gesamte zu beeinflussen.

Mich beschäftigt die Erkenntnis, dass wir so lange nicht ganz sein können, bis wir erwachen und einen jeden der Körper geheilt haben.

Ihr könnt nicht ganz werden, wenn ihr vermeidet, irgendeinen Teil eurer energetischen Aufmachung zu heilen. Die wahre und beständige Heilung findet statt, wenn ihr eine balancierte Heilung auf allen Ebenen erschafft. Es gibt Menschen, die physisch krank sind, sagen wir, sie haben Krebs. Wenn sie viel Geld haben, werden sie all ihr Glück darauf setzen, physische Heilung durch Operationen, Bestrahlungen und Giftanwendungen vom Medizinalwesen zu erlangen. Der emotionale Teil, der den Krebs zuallererst ausgelöst hat, wird dabei nicht angesprochen. Stattdessen wird dem sowieso schon überlasteten Emotionalkörper noch viel mehr Stress und traumatische Emotionen aufgebürdet. Was für eine Art permanente Heilung kann von so einer Ignoranz balancierter Aspekte des Selbstes erwartet werden?

Milliarden von Dollar werden jedes Jahr für Forschungsprojekte zur Erarbeitung von Lösungen bereitgestellt. Manche Menschen erfahren dadurch zeitweilige Erleichterung, ja, aber was daraus resultiert ist nicht wahre und beständige Heilung. Sogar wenn eine zeitweise oder kurzfristige Abhilfe erlangt wird, hat die Heilung nicht stattgefunden, wenn die Seele aus der Krankheit keine neue Erkentnis gezogen hat. Wenn eine Person ihr Ende durch Operationen, Bestrahlungen oder die Methoden der Chemotherapie findet, hat es keine Heilung und keine Lektionen gegeben, weil die im Emotionalkörper ansässigen Wurzeln des Problems ignoriert wurden. Was auch immer die Emotionen waren, die den Krebs ausgelöst haben, wenn sie nicht in der Lebenszeit angegangen werden, wenn die Lektion nicht auf emotionaler Ebene gelernt und geheilt wurde, wird die Krankheit wieder und wieder in folgenden Inkarnationen wiederholt werden, bis das tiefere Verständnis darüber und die Weisheit erlangt wurden.

Eure ICH BIN – Präsenz setzt voraus, dass ihr alle eure Lektionen der Weisheit und Wahrheit lernt, bevor ihr Zugang zu eurer vollkommenen spirituellen Freiheit erlangen könnt und eure Rückkehr in die Einheit erfahrt. Aus diesem Grund hattet ihr so viele Inkarnationen.

Die Engel und viele andere Wesenheiten aus den Lichtreichen arbeiten mit der Menschheit und auch sie kommen regelmäßig zu ihrer Reinigung und Regeneration zum Großen Jadetempel. Sie benötigen keine Beratung von uns. Der Große Jadetempel dient ihnen als eine Art Entgiftung, als eine Stätte, in der sie sich von unausgeglichenen Energien befreien können, die sie in ihrem Kontakt mit der Oberflächenmenschheit aufgefangen haben.

Euer Gottselbst arbeitet von der Ebene der Schöpfung aus. Es arbeitet für eure Heilung sehr eng mit Engeln, Aufgestiegenen Meistern, euren Sternengeschwistern und uns zusammen. Ohne die Erlaubnis eures Gottselbst ist uns niemals gestattet, Heilungen für euch vorzunehmen. In allen euren Versuchen und Schritten, euch selbst zu heilen, müsst ihr euch immer mit eurer ICH BIN - Präsenz verbinden, diese mit einbeziehen und eure Absichten darlegen; worum es auch immer geht, was ihr vervollständigen oder heilen wollt. Wenn wir es für euch täten, wie könntet ihr dann jemals ein Meister des göttlichen Ausdrucks werden?

Manchmal gibt es Leute, die mit den Aufgestiegenen Meistern und den Engelspräsenzen ärgerlich werden, weil sie fühlen, dass ihre Gebete nicht auf die Weise erhört wurden, die sie erwartet hatten. Sie verleugnen daraufhin die Urquelle ihrer Wünsche und verschließen ihre Herzen gegenüber weiterer Unterstützung.

Vielleicht habt ihr schon einen bestimmten Aufgestiegenen Meister darum gebeten, Geld zu erhalten, um auf eine Reise zu gehen und die Reise kam dann nicht zustande. Oder ihr wolltet eine Beziehung mit einer bestimmten Person manifestieren und es ist auch nicht geschehen. Anstatt diese Angelegenheit der göttlichen Gnade und der größeren Weisheit eurer Göttlichkeit zu überantworten, die weiß, was das Beste für den von euch gewählten Lebensweg ist, werdet ihr ärgerlich auf Gott oder auf diesen Aufgestiegenen Meister. Ihr entscheidet, dass ihr nichts mehr mit diesem Meister zu tun haben wollt oder überhaupt mit irgendeinem von ihnen und verschließt die Tür.

Diese Einstellung, meine Lieben, ist unter der Menschheit verbreitet. Diejenigen, die solche Geisteshaltungen innehaben, betrügen sich selbst um viel Unterstützung, Gnade und Segnungen für diese gegebene Inkarnation. Was ihr nicht realisiert, ist, dass kein Aufgestiegener Meister oder keine Engelspräsenz jenseits des Pfades eurer Seele gehen kann. Euer ICH BIN weiß genau, was ihr lernen und vervollkommnen müsst, um eure gesetzten Ziele für diese Lebenszeit zu erfüllen. Jeder Engel oder Aufgestiegener Meister wird immer in voller Kooperation mit eurem göttlichen Selbst arbeiten, um eurem „größeren Plan“ und eurer letztendlichen Bestimmung zu dienen. Während ihr in der 3. Dimension seid, seht ihr durch den Schleier nicht die volle Perspektive eurer Inkarnation.

Euer ICH BIN ist euer Regent und eure Seele repräsentiert die Gesamtsumme all eurer Erfahrungen. Der Aufstieg ist ein Prozess der Vereinigung von all diesem zur Ganzheit; ihr werdet dann wieder ganz sein. Ihr werdet die Personifizierung eures göttlichen Selbst, ihr manifestiert die Gesamtheit eurer Göttlichkeit. Die Vollendung des Aufstiegs ist das wundervollste Ereignis, das in der Entwicklung eines Menschen jemals geschehen kann. So viele

Lebenszeiten lang habt ihr auf dieses Ziel hin gearbeitet und in dieser Lebenszeit könnt ihr es vollständig erlangen. Ihr könnt alles werden, was ihr jemals sein wolltet, weil die Tore zum Aufstieg jetzt weit geöffnet sind – wie niemals zuvor in Millionen von Jahren.

Dies ist eure Chance, zu dieser großartigen Gelegenheit „ja" zu sagen und sie zu nutzen. Alle Hilfe und Unterstützung, die ihr braucht, wird bereitgestellt. Seid weise und nutzt die Gunst dieses seltenen Fensters der Gelegenheit. Die Aufstiegsportale schließen und öffnen sich gemäß den unterschiedlichen Zyklen in der Evolution. Es mag sehr lange Zeit dauern, bis sie sich wieder so weit öffnen wie das jetzt der Fall ist. Ich würde zu euch allen sagen, wenn ihr in diesem Leben eure spirituelle Freiheit gewinnen, völlig grenzenlos werden und die alchemistische Hochzeit eurer Seele mit eurem Gottselbst durch den Prozess des Aufstiegs erfahren möchtet, gibt es keine bessere Zeit, als dies jetzt zu tun. Ihr müsst euch bewusst und mit Absicht dafür entscheiden und es mehr wollen als alles andere. Ihr werdet nicht dazu gezwungen.

Derzeit wird euch die größte aller Gelegenheiten angeboten. „Werdet ihr unsere Hände ergreifen und unsere Unterstützung annehmen, so dass wir zu eurer Heimkehr beitragen können? Wir sind schon zu Hause. Werdet ihr kommen und euch zu uns gesellen?"

Meditation zum Großen Jadetempel

Der Große Jadetempel ist ein wundersamer und heiliger Ort, an den Wesenheiten aus allen Dimensionen des Planeten und darüber hinaus kommen, um Heilung zu erfahren. Diejenigen aus den Lichtreichen, welche die Menschheit direkt unterstützen, besuchen auch diesen Tempel, um ihre Energien zu reinigen und wieder aufzuladen. Er wird ebenfalls von den galaktischen Wesen genutzt. Dieser "berühmte" Tempel ist sehr gut besucht und besteht hauptsächlich aus der reinsten Konzentration an Jade.

Ich bitte dich nun, dich in deinem Herzen zu zentrieren; setze dich bequem nieder und entspanne dich. Beginne nun die Heilungsenergien zu empfangen und in dir aufzunehmen. Du bist nun dazu eingeladen, mit mir eine Reise im Bewusstsein nach Telos zu unternehmen, um den Großen Jadetempel nahe Mount Shasta zu erfahren. Du unternimmst diese Reise in deinem Ätherkörper. Richte deine Aufmerksamkeit auf dein Höheres Selbst und deine Geistführer mit der Bitte um ihre Begleitung, während du dich weiterhin in deinem Herzen zentrierst. Es sind viele von uns dort und warten darauf, dich zu empfangen. Bitte deine Geistführer, dich im Bewusstsein nach Telos zum Portal des Großen Jadetempels zu bringen und sie werden es tun. All deine Geistführer sind mit diesem Ort vertraut und sie wissen genau, wie sie dich dorthin bringen werden.

Versetze deinen Körper in eine tiefe Entspannung und atme ganz tief, während du deine Absicht darauf richtest, zum Großen Jadetempel gebracht zu werden. Sieh dich nun dort in deinem

Bewusstsein. Sieh, wie du selbst am Portal dieses riesigen Tempels ankommst; einer Pyramide mit vier Seiten, die aus reinsten und hochwertigsten Jadesteinen besteht. Der oberste Priester, welcher auch der Wächter dieses Tempels ist, begrüßt dich. Der Fußboden ist mit Jade und reinem Gold ausgelegt. Fontainen aus goldgrünen strahlenden Lichtern schießen an verschiedenen Stellen ihre Essenz zirka 9 Meter in die Lüfte und erzeugen einen sehr mystischen Effekt. Fühle, wie du dich hier befindest und alles betrachtest. Nimm die Luft wahr, die du nun im Tempel atmest und fühle die belebende Energie, die durch die Fontainen reiner Heilungsenergie die Luft überall durchzieht. Wie erfrischend und verjüngend sich dies für deinen gesamten Körper anfühlt! Obwohl du in deinem Ätherkörper hier bist, bringst du auch etwas dieser Schwingung mit zurück in deinen physischen Körper. Daher ist es so wichtig, dass du tief atmest und so viel wie möglich von dieser Heilungsenergie in dir aufnimmst.

Es wachsen Blumen aller Arten, Nuancen und Farben gemeinsam mit einer großen Vielfalt an smaragdgrünen Pflanzen in großen Jadegefäßen und erzeugen eine äußerst magische Umgebung. Während du diese einzigartige Schönheit betrachtest, nimmst du die Heiligkeit dieses Ortes wahr. Lasse die Energien dieser Umgebung auf dich wirken und atme weiterhin so tief du kannst.

Der oberste Priester stellt nun jedem Einzelnen ein bestimmtes Mitglied unserer Gemeinschaft aus Telos vor, der dann zu deinem speziellen Berater und Assistenten auf deiner Reise wird. Beim Betreten des Tempels mit deinem Berater siehst du einen sehr großen ovalen Stein aus reiner Jade, ungefähr 3 Meter im

Durchmesser und 1,80 Meter hoch. Dieser Stein besteht aus reinster und höchster Heilungsschwingung. An der Spitze des Steines siehst du einen runden Kelch aus Gold und Jade. Er hat einen flachen Boden und ist an den Seiten ungefähr 25 Zentimeter hoch. Er beherbergt die smaragdgrüne unauslöschliche Flamme der Heilung, die fortwährend brennt, um die Menschheit seit Millionen Jahren zu unterstützen.

Fühle nun diese riesige Flamme in deiner Seele, in deinem Herzen und in deinem Emotionalkörper. Ja, du kannst auch deinen Emotionalkörper hierher bringen. Diese ehrfurchtgebietende Flamme brennt fortwährend und hält eine große heilende Energiematrix für den Planeten aufrecht. Diese Flamme hat Bewusstsein. Sie wird unaufhörlich von der Liebe des Heiligen Geistes, des Engelreiches und unserer Liebe gespeist. Während du dich nun dem Jadestein näherst, wirst du vom Hüter der Heilungsflamme eingeladen, dich auf einem Stuhl aus reiner Jade niederzusetzen und darüber zu meditieren und zu kontemplieren, was in deinem Leben der meisten Heilung bedarf. Zu welchen Veränderungen in deinem Bewusstsein bist du bereit, um diese Heilung stattfinden zu lassen?

Während deiner Meditation erhältst du telepathische Führung und Unterstützung von den Beratern und diese Führung wird in deinem Herzen und in deiner Seele eingeprägt. Nun werden wir einen Moment für diesen Kontakt mit deinen Führern und deinem Höheren Selbst bezüglich deiner Heilung innehalten.
(Pause).

Sieh und fühle die Juwelen, die Kristalle und Heilungsenergien des Tempels und atme alles ein. Atme diese Heilungsenergie ganz tief ein, so tief du kannst; du wirst diese Energie mit zurück in deinen physischen Körper nehmen. Atme sie weiterhin ein. Nimm dir so viel Zeit dafür, wie du benötigst. Es gibt keine Eile.

Wenn du fertig bist, erhebe dich von deinem Stuhl und gehe mit deinem Berater, der dir zugewiesen wurde, im Tempel umher. Betrachte all die Schönheit und Heilungsenergie und nimm sie in dir auf. Fühle dich frei, über all die Nöte deines Herzens mit deinem Berater zu sprechen und bitte ihn um weitere Unterstützung für deine Heilung. Sei offen für alles, was dir enthüllt wird. Wenn du dich nicht mehr bewusst an deine Reise erinnern kannst, macht das nichts aus. Das ist bei den meisten von euch so und ihr erhaltet diese Information auf einer anderen Ebene.

Wenn du das Gefühl hast, dass es nun gut ist, kehre mit deinem Bewusstsein in deinen Körper zurück und nimm einige tiefe Atemzüge. Wisse, dass du jederzeit bewusst zurückkehren kannst. Jedes Mal wirst du in selber Weise Unterstützung erfahren. Je öfter du hierher zurückkehrst, umso inniger wird das Verhältnis zwischen uns werden. Wir schauen nach dir, so gut wir können. Wir bitten dich nun dies anzunehmen und uns auch entgegenzukommen. Es kann nur beidseitig gehen. Wir beenden nun diese Meditation, indem wir dir Liebe, Frieden und Heilung senden. Wir reichen dir die Hände der Unterstützung, Liebe und Führung. Wir sind nur einen Gedanken und ein Wort des Flüsterns oder eine Bitte aus deinem Herzen von dir entfernt. Und so sei es!

Ich bin Adama

Teil 3

Botschaften von verschiedenen Wesen

Wenn du dich selbst in einen Zustand

vollkommenen Vertrauens versetzt,

antwortet das Universum

und beginnt unverzüglich mit der Versorgung.

Und ich meine "vollkommenes Vertrauen",

keinen Cocktail aus Vertrauen und Angst.

Adama

14. Kapitel

Botschaften von Meister El Morya

Das Bewusstsein, das auf „Autopilot" geschaltet ist, führt nicht zum Portal des Aufstiegs.

Ich grüße euch, ihr Geliebten!

Ich bin El Morya, der auf den Fokus des göttlichen Willens auf diesem Planeten ausgerichtete Hüter. Von unseren Wohnstätten innerhalb Mount Shasta wollen Adama und ich euch eine Botschaft der Liebe überbringen. Unsere Botschaft ist auch ein weiterer Weckruf, ihr Lieben, denn die Zeit wird jetzt sehr knapp für euch alle.

In seiner letzten Botschaft erwähnte Adama einen bestimmten Bewusstseinszustand bzw. eine Bewusstseinshaltung, in der sich so viele kostbare Seelen der Erde gestatten, ihr Leben im

„Autopiloten" zu leben, im Stadium eines spirituellen Schlummers. In diesem Zustand wollen diese Persönlichkeiten ihre zukünftige Realität nicht bewusst erschaffen und ihr Leben nicht mit „entschlossenen Absichten" leben, die dem Anstoß ihrer Seele gerecht werden würden.

Weil wir euch so sehr lieben, ist es unser großer Wunsch, euch alle um das Jahr 2012 herum am Portal der 5. Dimension willkommen zu heißen. Wenn wir das Portal für euer Eintreten weit öffnen und den goldenen Teppich für euer Kommen ausrollen, werden wir entzückt sein, euch in den Reichen von Licht und Liebe willkommen zu heißen. Was wird dies für ein wundervoller und freudiger Tag für uns und diejenigen der Menschheit sein, die es durch diese Tür hindurch geschafft haben! Was für eine glückliche Wiedervereinigung wird dies für alle sein! Ein großer Empfang wird vorbereitet. An diesem Tag werden viele Tränen vergossen werden; aber dieses Mal werden es die Tränen purer Freude und Ekstase sein.

Denkt nur einen Moment mal darüber nach - könnt ihr euch die Freude vorstellen, die ihr erleben werdet, wenn wir uns wiedertreffen, bewusst, ihr in eurem unsterblichen Körper, von Angesicht zu Angesicht mit euren Lieben, die während eurer Lebenszeit von der Erde geschieden sind. Es werden diejenigen da sein, die ihr in eurem gegenwärtigen Leben von Herzen geliebt habt. Und auch diejenigen, an die ihr euch zur Zeit nicht erinnern mögt, doch es sind Seelen, denen ihr auch sehr nahe wart und die ihr in vergangenen Leben durch die Jahrtausende hindurch ebenso geliebt habt, wie eure ewigen Freunde und anderen Mitglieder eurer Seelenfamilie, die euch so innig lieben.

Während wir diese Information übermitteln, fühlen wir bereits die Freude und die Aufregung dieses wundersamen Tages. Eure Lieben warten gespannt darauf, euch wieder in die Arme zu schließen. Sie alle werden nahe des Portals sein, in funkelnden Roben aus Licht und Glorie, darauf wartend, euch in den Arm nehmen zu können, während ihr eintretet.

Während unser Channel, Aurelia Louise, diese Worte von uns empfängt, strömen ihr Tränen über die Wangen, in dem Gedanken, in einigen wenigen Jahren wieder mit den Lichtseelen zusammen zu treffen, die in diesem Leben ihre Eltern und andere Familienmitglieder waren, die während ihrer Kindheit ihren Übergang auf die andere Seite hatten. Während sie schreibt und ihre Tränen trocknet, sind diese Seelen auch hier bei uns anwesend, sie schauen zu und senden ihre Liebe, indem sie sich sehr auf den Tag der großen Wiedervereinigung freuen. Es wird so wundervoll sein, dass der ganz Kosmos zuschauen wird. Ich wiederhole mich schon wieder, es ist der größte Wunsch der Spirituellen Hierarchie dieses Planeten und eures Vater/Mutter-Gottes, alle von euch durch dieses heilige Portal kommen zu sehen, während ihr euch nun für den Eintritt qualifiziert.

Ihr Geliebten, aus unserer großen Liebe für euch, möchten wir von der Spirituellen Hierarchie euch noch einmal daran erinnern, dass es einen „Eintritts-Code“ gibt, der für das Betreten der 5. Dimension benötigt wird. Da mag es viele Witze in eurer Welt geben über „Petrus“, der am Himmelstor steht und entscheidet, wer in das Königreich eintreten darf und wer nicht. Nun, meine Freunde, diese Späße auf der Erde sind hier gar nicht so witzig. Es liegt mehr Wahrheit darin, als sich irgendjemand von euch zu dieser Zeit vorstellen mag.

Ich erwähne dies, weil es ein Tor oder Portal gibt, an dem man sich für den Einlass qualifizieren muss. Ich, El Morya, war als der Jünger Petrus zur Zeit Jesu inkarniert. Nun bin ich der Chohan und Hüter des ersten Strahles des Göttlichen Willens für die Erdenmenschen geworden. Das bedeutet, dass ich auch der Hüter dieses Portals bin.

Der Wille Gottes, ihr Lieben, ist das erste Portal, das man durchschreiten muss, wenn man in richtiger Richtung auf dem spirituellen Pfad vorankommen will. Wenn ihr nicht bereit seid, euer menschliches Ego und eure menschlichen Persönlichkeiten dem Willen Gottes zu übergeben, damit sie geläutert und ins Göttliche transformiert werden können, gibt es keinen Weg, den ihr sonst als wahren spirituellen Pfad einschlagen könntet. Der göttliche Wille ist das erste Portal. Es gibt noch sechs weitere, für die ihr euch qualifizieren müsst, bevor ihr die Tür zur 5. Dimension und zu eurem planetaren Aufstieg erreichen könnt.

Um dieses erste Portal zu durchschreiten, ist es sehr empfehlenswert, dass ihr meine nächtlichen Schulungen auf den inneren Ebenen besucht *(wenn euer Körper schläft)* oder Kurse über den Willen Gottes bei meinen Mitarbeitern besucht, welche freiwillig zugestimmt haben, mir dabei zu helfen. Ihr müsst meine Prüfungen in eurem Wachbewusstsein bestehen, bevor ihr zum nächsten Portal weitergehen könnt. Viele von euch, die diesen Text hier lesen, sind bereits in diesem Leben, oder in der Vergangenheit, durch das erste Portal geschritten, und einige von euch sind auch schon durch andere Portale hindurch gegangen. Wir bedauern die Tatsache, dass es immer noch einen großen

Prozentsatz der Menschen gibt, die ihr Leben im „Autopiloten" leben. Sie haben keine Ahnung, wo sie hingehen, warum sie hier auf der Erde inkarniert sind noch wollen sie es herausfinden. Sie leben ihr Leben von einem Tag auf den anderen, ohne bewusste Richtung, ihr Geist und ihre Herzen sind in alle vier Himmelsrichtungen verstreut und folgen dem Pfad des geringsten Widerstandes und des spirituellen Schlummers.

Auf der Schwelle eines solch prachtvollen Ereignisses, einer Gelegenheit, auf welche die Menschheit hunderttausende von Jahren gewartet und sich danach gesehnt hat, gibt es immer noch so viele kostbaren Seelen in der Menschheit, die sich noch nie zur Beratung am Eingang des Portals eingefunden haben, dessen Hüter ich bin. Ich und mein Mitarbeiter Adama, der Hohepriester von Telos, haben uns eingefunden, um zu sehen, ob wir euch einen weiteren Weckruf geben können. Die Zeit wird jetzt so knapp, dass, wenn ihr es bis jetzt noch nicht durch das erste Portal des „Willens Gottes" geschafft habt, wir euch wissen lassen wollen, dass es noch möglich für euch ist, aufzuschließen und „pünktlich" durch alle anderen Portale zu kommen, wenn ihr jetzt wählt, dies zu tun.

Ihr habt keine Zeit mehr zum Zögern. Ihr müsst aufwachen und sehr fleißig damit beginnen, die spirituellen Gesetze in allen Aspekten eures Lebens anzuwenden, indem ihr nach den Konzepten der Liebe in allen Bereichen eures Lebens lebt und alle eure Ängste und vorgefertigten Ideen über Gott loslasst und willens seid, die Wahrheit anzunehmen, die ihr bisher gemieden habt. Werdet der Gott, der ihr seid, jetzt und hier, indem ihr Liebe in Aktion werdet, in allem was ihr denkt, sagt und tut. Liebe ist die einzige Abkürzung, die ihr bei eurem Aufstiegsprozess nehmen könnt und sie ist der größte Schlüssel; die Liebe zum Selbst, die Liebe zu Gott und die Liebe für die ganze Erdenfamilie, für alle Königreiche der Erde, das Tierreich mit eingeschlossen. Liebt und ehrt alles, was das Leben des Schöpfers atmet.

Lasst alle Bewertungen los und schließt den Weg der Arglosigkeit ins Herz. Mit genügend Liebe in euren Herzen könnt ihr durch alle Portale zum Aufstiegstor gelangen.... zur rechten Zeit. Seid versichert, dass dies nicht für jene der Fall sein wird, die weiterhin ihr Leben im „Autopiloten" leben.

Alle, die bis zum Tor des Aufstiegs gelangen, müssen die Prüfungen der sieben Einweihungen bestehen, die erforderlich sind, um den „Eintritts-Code" zu erfüllen und sich für den planetaren Aufstieg zu qualifizieren. Jede dieser sieben Einweihungen umfasst sieben Ebenen der Prüfung. Früher benötigte es mehrere Lebenszeiten fleißiger Anwendung der spirituellen Gesetze, um fähig zu sein, durch einige oder alle Einweihungen zu gehen. In dieser einzigartigen Zeit der Erdgeschichte, gibt es einen noch nie da gewesenen Erlass, durch den jede Seele, mit ernsten und fleißigen Absichten, dies in ein paar Jahren erreichen kann. Ich, El Morya, werde da sein, als der „Petrus", mit dem ihr vertraut seid, zusammen mit dem Rest der Spirituellen Hierarchie dieses Planeten und euren Lieben, um jeden „wieder daheim" willkommen zu heißen.

Ich bin euer ewiger Freund, El Morya.

Die Verbreitung der Christusenergie auf unserem Planeten hat begonnen.

Es ist mir ein Vergnügen und eine Ehre, eine Übermittlung für die englischsprachige Bevölkerung durchzugeben, welche die Telos-Information lesen wird. Ich möchte euch wissen lassen, dass ihr alle meinem Herzen sehr lieb seid. Diese Information ist sehr wichtig und ich würde empfehlen, dass ihr sie tief in euer Herz und Bewusstsein nehmt. Sie wird euch bei der Öffnung eures Bewusstseins und der Wahrnehmung der höheren Dimensionen in hohem Ausmaß dienlich sein.

Dieses Material gibt euch eine Vorstellung darüber, wie der Lebensausdruck auf diesem Planeten ursprünglich sein sollte. Es vermittelt euch auch eine Ahnung davon, welche Richtung die Erde für die Zukunft der Menschheit einschlägt. Was vor der Menschheit liegt ist so wundervoll, dass es einfach nicht in einem Buch beschrieben werden kann. Ebenso kann derzeit auch nicht der gesamte Plan enthüllt werden. Die Telos Bücher geben euch eine sehr gute Einführung hinsichtlich der Wunder, die euch erwarten, wenn ihr euch selbst dem höheren Bewusstsein und eurer Göttlichkeit öffnet.

Es ist auch wichtig, dass diese Information all denjenigen mitgeteilt wird, die dafür offen sind. Dies ist ein Teil eurer Hausaufgaben, meine Freunde.

Es ist jetzt an der Zeit, dass das lemurianische Bewusstsein auf der Oberfläche wieder belebt und bekannt gemacht wird. Es repräsentiert das Bewusstsein der „Quellenenergie eures Schöpfers“. Es ist nichts Geringeres als die Rückkehr ins praktisch anwendbare Christusbewusstsein – zur Umsetzung für alle. Das Neue Lemuria ist nicht nur ein Ort, an den man gehen kann; es ist hauptsächlich ein Seinszustand, ein Zustand der Perfektion, des Christseins und manifestierter Göttlichkeit in 5-dimensionaler Schwingung, die eine durchlichtete und perfekte Ebene der Körperlichkeit aufrechterhält.

Die Zeit, auf die ihr so lange gewartet habt, ist nun da!

Alle aufgestiegenen Zivilisationen auf diesem Planeten und darüber hinaus arbeiten wachsam in Einheit und Harmonie zusammen, um dem Aufstieg eurer Mutter Erde und der Menschheit zu assistieren. Jetzt ist die Zeit, auf die ihr so viele Inkarnationen lang gewartet habt. Ich empfehle, dass ihr während aller Veränderungen und der Reinigung des Planeten in euren Herzen zentriert und auf eure göttliche Präsenz ausgerichtet bleibt. Die „Neue Welt“, auf die ihr gehofft habt, die Transformation, die ihr so sehr gewünscht habt, ist nun dabei, sich zu manifestieren. Ich garantiere euch, dass es nichts zu fürchten gibt. Euer Schöpfer holt euren Planeten nun zurück aus den Energien von Groll und Hass und die Schwingung von Frieden und Liebe wird bald wieder die Oberhand gewinnen. Alle Lichtreiche bieten ihre Unterstützung in diesem Transformationsprozess und für den Übergang in die Neue Welt an.

Was derzeit auf eurem Planeten stattfindet, ist so ehrfurchtgebietend, dass das gesamte Universum und viele andere Universen auf euch fokussiert sind. Was hier vonstatten geht, ist noch niemals in irgendeinem System der Welten, einem anderen Sonnensystem oder einer anderen Galaxie durchgeführt worden. Die Transformation, die ihr gerade im Begriff seid zu erfahren, ist für diesen Planeten einzigartig. Ihr Tapferen, ihr seid die „Vorzeigetruppe dieses Universums" geworden. Täglich schauen euch Millionen über Millionen von Raumschiffen mit ihren großen Besatzungen und Mitgliedern zu und schicken euch ihre Liebe und ihre Unterstützung.

Es ist höchst wichtig, dass ihr nun alle eure Anhaftungen hinsichtlich dessen, wie die Dinge einmal waren und wie sie sein sollten loslasst. Lasst auch alle eure alten Glaubenssätze und Strukturen los. Das Leben, so wie ihr es derzeit kennt, ist drastisch dabei, sich zu ändern und das zum Besseren. Die Reinigung eures Planeten wird der jetzt kommenden Transformation den Weg eröffnen. Meine Freunde, dies ist keineswegs mehr ein Ereignis, das ihr in die Zukunft projizieren könnt. „Die Zeit ist jetzt!"

***Diejenigen unter euch, die sich dafür entscheiden,
diese Information zu ignorieren oder abzulehnen,
werden es nicht mehr lange tun können.***

Ein viel intensiverer Energielevel, der dazu dienen sollte, die Christusenergie eures Planeten zu verstärken, begann die Erde um den 1. Mai 2002 herum zu durchfluten. Diese Energie durchflutet die Erde jetzt Tag und Nacht und wird dies auch weiterhin so lange intensiv tun, bis ihr behaglich in der Glückseligkeit der 5. Dimension eingenistet seid. Wenn ihr an dieser Beschleunigung und Veränderung nicht interessiert seid, werdet ihr früher oder später diese Inkarnation verlassen und irgendwo anders inkarnieren, wo es euch eher entspricht. Es gibt andere 3-dimensionale Planeten, die eurem derzeitigen Planeten ziemlich ähnlich sind und die willens sind, euren Lebensstrom zu beherbergen und euch eure Entwicklung in der euch eigenen Schrittgeschwindigkeit zu ermöglichen. Es besteht keine Verpflichtung mitzukommen, die Wahl liegt ganz bei euch. Wisset, dass der sehr lange 3-dimensionale Lebenszyklus auf diesem Planeten zu seinem Ende kommt. Eure Mutter Erde hat sich jetzt entschieden zu graduieren und bald die Krone ihres Aufstiegs zu empfangen. Das bedeutet, dass sie auf ihrem Körper sehr bald nur noch eine erleuchtete Zivilisation beherbergen wird.

Dann gibt es noch diejenigen, die aus unterschiedlichen Gründen nicht bereit sein werden, in diesem Leben aufzusteigen, aber die sich in ihrer allernächsten Inkarnation dafür qualifizieren werden. Dies sind die Seelen, die wieder hier in der Neuen Welt inkarnieren werden, um ihre Entwicklung zu vervollständigen und dann ihren Aufstieg zu vollziehen. Diese geliebten Seelen werden die Kinder der zukünftigen Generation sein.

Wie ich schon erwähnt habe, bin ich einer der Hüter des Tores zur 5. Dimension. Eure Überantwortung an den göttlichen Willen wird euch auf eurer Reise viel Leichtigkeit und Gnade einbringen. Es ist mein großer Wunsch, euch dort persönlich willkommen zu heißen, wenn die Zeit kommt. Ich erneuere meine Einladung an euch, in euren Ätherkörpern nach Mount Shasta zu kommen und unseren nächtlichen Unterricht zu besuchen. Die Ausrichtung unserer Kurse ist die Vorbereitung eures Bewusstseins auf die „Große Anhebung". Die „Mount Shasta Bruderschaft des Lichts" und die „Lemurianische Bruderschaft des Lichts" – ebenso wie viele andere Lichtwesen – haben sich zusammengeschlossen, um der Menschheit beim Aufstiegsprozess zu helfen. Eine große Anzahl von uns ist bereit und verfügbar, euch zu beraten und mit euch auf sehr persönlicher Basis zu arbeiten. Die einzige Gebühr, die wir in Rechnung stellen, ist eure Bereitwilligkeit, ein größeres Verständnis über euren Entwicklungspfad zu gewinnen und eure Bereitschaft, euer menschliches Ego an euer höheres Gottselbst zu überantworten. Geht mit dem Fluss der Manifestationen, die sich euch im Rahmen eurer Transformation und eures Aufstiegs zeigen werden.

Ich bin El Morya und für euch erreichbar über mein Diamantenes Herz des Göttlichen Willens.

15. Kapitel

Weckruf der Redwood Bäume

Wir sind die „Giganten", die Überbleibsel einer sehr alten Zivilisation, welche die meisten von euch schon lange vergessen haben. Die Jahrtausende sind gekommen und gegangen und wir sind immer noch hier, in ständig abnehmender Zahl, in der Hand habgieriger Holzfäller, deren einziges Interesse an uns der Geldsumme gilt, die sie Tag für Tag aus der Reduzierung unserer Population schlagen können.

Als eine Gattung kollektiver göttlicher Intelligenz hat unsere Präsenz diesen Planeten Millionen von Jahren lang gesegnet, zurück bis in die Zeit des magischen Landes von Pan. Für Millionen von Jahren haben die Bewohner dieses Planeten die größte Ehrfurcht und den größten Respekt für die Schönheit und Weisheit gehabt, die wir bewahren und für das tiefe Empfinden von Frieden und Harmonie, das wir weit und breit in die Umgebung ausstrahlen, wo wir stehen. Jene, welche die Fähigkeit haben, mit uns bewusst zu kommunizieren und in Interaktion mit uns zu treten, erhalten unsere Gaben und das Wissen, das wir besitzen. Dass wir viel Wissen und Weisheit zu geben haben, ist vielen von euch nicht bekannt. Eines Tages werdet ihr dies erkennen und wünschen, ihr wäret euch bewusster darüber gewesen, wer wir sind und über den wichtigen Beitrag, den wir auf eurem Planeten geleistet haben.

Wir lebten und gediehen auf dem antiken Kontinent von Lemuria, weit jenseits dieser westlichen Küste.

Einst wurde unser Geist und unsere physische Form fast überall auf dem Planeten verstreut. Derzeit sind wir die einzigen Überlebenden der Glorie und Schönheit, die es auf der Oberfläche dieses Planeten einmal gab. Wir sind die Historie und euer Bindeglied zu euren Vorfahren, zu euren Wurzeln und euren vergangenen Selbsten der lemurianischen Zivilisation und darüber hinaus. Die Menschen haben wieder und wieder beklagt, dass Lemuria verloren war ohne eine Spur zu hinterlassen. Und wir sagen euch, dass wir hier sind, unerkannt. Wir sind die Einen, welche die katastrophalen Veränderungen überlebt haben, die vor 12.000 Jahren stattgefunden haben und wir sind hier zu eurem Wohle an der Pazifikküste geblieben. Warum habt ihr uns nicht erkannt und den großen Dienst geschätzt, den wir als Gattung eurem Planeten so lange angeboten haben und mit dem wir euch fortwährend bis zum heutigen Tage an eurer Küste versehen haben, trotz der stetigen und andauernden Zerstörung unserer Spezies durch eure gegenwärtige unbewusste Zivilisation?

In den Millionen von Jahren unseres Dienstes an diesem Planeten hat keine Zivilisation jemals danach getrachtet, uns so herzlos und gefühllos auszurotten, wie es die Amerikaner des zwanzigsten Jahrhunderts als Handlanger der Industriegiganten und mit voller Unterstützung eurer Regierung tun. Die Regierungen sind verantwortlich, das langfristige Wohl des Ganzen zu unterstützen und nicht nur das kurzfristige Wohl der Ausbeuterlobby. Um des Willens einiger Dollar in den Händen einiger weniger löscht ihr euer antikes Erbe aus und zerstört die Wesenheiten, die euch schützen. Was ihr tut, ist, als Analogie betrachtet, vergleichbar mit den Hunden, welche in die Hand derjenigen beißen, die sie füttern und lieben.

Sehr wenige Menschen können sich vorstellen, auf welche Weise wir zerstört werden, so wie es heute in diesem Land geschieht, denn es würde als Gewalttat und Raub eines der kostbarsten Schätze der Erde betrachtet werden.

Wir sind immer, in allen Regionen und Zeitaltern, geachtet und geliebt worden für all die Gaben, die wir an alle frei verteilen konnten. Die Westküste der Vereinigten Staaten ist nun das, was von den letzten Schätzen des antiken Lemuria noch übrig ist und bis vor ungefähr 60 Jahren segneten tausende über tausende Morgen die Westküste dieses Landes. Nun gibt es nur noch ein paar magere, schmale Streifen von uns, die hier übrig sind „zum Vorzeigen". Ihr seid in eurem Bewusstsein so weit entfernt von wahrer Schönheit und den Werten, die nur wenige von euch überhaupt bemerkt haben. Worauf richtet ihr eure Wertvorstellungen?

All die Schönheit der Vergangenheit ist so gut wie hinüber, im Namen eines falschen Sinnes von „Fortschritt“ und ersetzt durch viel Hässlichkeit.

Obwohl die meisten von uns als Spezies durch eure moderne Technologie zerstört worden sind und auf Grund eures Mangels an Bewusstsein und Achtsamkeit für die Schätze dieser Erde, lebt unser Geist weiterhin. Jedes Mal, wenn einer von uns durch die Motorsägen der Holzfäller umgebracht wird, bewegt sich der Geist des sterbenden Baumes für eine neue Inkarnation in eine andere Dimension, in der wir geliebt, geachtet und geschätzt werden. Unsere Spezies lebt als eine kollektive höhere Intelligenz auch in vielen höheren Dimensionen auf dem Planeten und jenseits davon, wo wir gedeihen und die Einwohner unsere Präsenz und unsere Gaben hegen. Wir existieren in großer Anzahl innerhalb der Erde und in den unterirdischen Städten dieses Planeten, wo wir das Leben der liebenden und weisen Wesenheiten mit Gnade beschenken, die an diesen wundersamen Orten leben.

Ihr habt so viel über die „wahren Werte“ des Lebens zu lernen, meine Freunde! Wenn sich unsere Worte für euch hart anhören, betrachtet sie als Weckruf, als eine Bitte um Mitgefühl für alle anderen Lebensformen auf diesem Planeten, die von der Menschheit ähnlich behandelt werden wie wir. Wenn ihr schließlich ein Evolutionsstadium erreicht habt, das hoch genug ist, um die ewigen Gesetze der Einheit allen Lebens zu verstehen, werdet ihr wissen, dass die Liebe und das Mitgefühl, das ihr einander zukommen lasst – ganz gleich in welcher Form – ebenso eurem eigenen Wohle zugute kommt. Wenn ihr die Erde und ihre vielen Königreiche wie Abfall behandelt, werden diese Energien letztendlich auf euch zurückfallen. Ihr werdet dann in euren weiteren Inkarnationen die Empfänger eurer eigenen Abwertung. Dies sind die unabänderlichen kosmischen Gesetze des Einen, auf denen die gesamte Schöpfung basiert.

In allen erleuchteten Gesellschaften schneidet niemand jemals unsere Körper in der Form gigantischer Bäume zum persönlichen Gebrauch ab *(und niemals für Profit),* bis unsere Inkarnation in dieser Form erfüllt ist und wir unseren Geist aus dieser Form genommen haben. Erst dann wird das Holz mit großem Respekt und mit großer Fertigkeit geschnitten und für vielfältige Zwecke verwendet. Das wundervolle Holz, das wir liefern, gehört auch zu den vielen Gaben, mit denen wir den Planeten segnen. Wir waren niemals dazu bestimmt, durch einige wenige Profitmacher monopolisiert zu werden und durch multimillionenschwere Industrieunternehmen verkauft zu werden, die keine Liebe in sich tragen und keine Verbindung zur Natur und der göttlichen Evolution. Wir gehören allen und keiner hat das Recht, uns zu „besitzen" und mit uns umzugehen, wie es ihm passt.

Das Verwalten von Land und Tieren sind evolutionäre Haupteinweihungen auf dem Lebensweg.

Ebenso könnt ihr niemals behaupten, ein Stück Land zu besitzen. Gemäß göttlichem Recht gehört das Land dem Körper eurer geliebten Mutter Erde. Sie ist souverän. Wenn ihr denkt, dass ihr ein Stück Land besitzt oder Rechte auf Land erworben habt, seid ihr „bestenfalls" nur temporäre Verwalter dieses Landes und ihr seid gegenüber den Höheren Räten vollständig verantwortlich dafür, was ihr mit diesem Land macht. In allen erleuchteten Gesellschaften gibt es genügend, um jedermann in all seinen Bedürfnissen zu befriedigen, ohne Rationierung oder Knappheit, weil mit dem Holz weise und gerecht umgegangen wird.

Habt ihr jemals den Unterschied in der Hurrikane- und Tornado-Aktivität zwischen der Ostküste und der Westküste bemerkt? Habt ihr euch jemals gefragt, warum die Westküste nicht das gleiche Quantum der jährlichen Fluten erhalten hat, die so häufig an der Ostküste auftreten? Wir möchten euch sagen, dass die Westküste oft auf Grund unserer "Präsenz" von vielen potenziellen Katastrophen verschont geblieben ist. Wir sind nicht „einfach Bäume", wie man euch in eurem Mangel an spirituellem Bewusstsein beigebracht hat; wir sind viel mehr als das. Unsere Baumform ist nur die äußere Hülle, die unseren großen Geist beherbergt. Obwohl unser Geist in der Form gigantischer Bäume inkarniert ist, ist unser kollektiver Geist weitreichend, kraftvoll, allumfassend und weise; jenseits von eurem derzeitigen begrenzten Verständnis und sich entwickelnden Bewusstsein.

Wir, die Redwood-Bäume, sind die machtvollen Hüter und Devas der Westküste.

Dank unserer dortigen Präsenz, unserer Liebe und unseren großen schützenden Kräften sind diesem Land viele Naturkatastrophen erspart geblieben. Bitte ruft euch ins Gedächtnis, dass Naturkatastrophen immer durch energetische Ungleichgewichte in den Energie-Gitternetzen der Erde entstehen und von den

Energiewirbeln voneinander abweichender Energien stammen, die durch den Missbrauch der kreativen Energien durch die Menschheit, negativem Denken und einem Mangel an Liebesqualität füreinander und für alle anderen Lebensformen geschaffen werden.

Wir erzeugen Harmonie im Bereich der Natur, in dem wir leben und unser Einfluss strahlt nah und fern aus. Über die Jahrhunderte hinweg waren wir in der Lage, in unseren gigantischen Körpern viel von euren misslichen Energien zu absorbieren und daraus resultierend die westliche Hemisphäre von den Konsequenzen vieler Naturkatastrophen zu verschonen.

Als wir in größerer Anzahl nahe eurer Ufer und an eurer Küste standen, waren wir sehr wirkungsvoll bei der Abwehr potenzieller Missgeschicke oder Katastrophen, die vom Pazifischen Ozean her oder von anderswo auf eure Ufer eintreffen sollten. Jetzt aber, da unsere Zahl so drastisch und täglich reduziert wird ohne einen Gedanken oder eine Überlegung darüber zu verschwenden, wer wir sind, was unsere Rolle in dieser Gegend eures Landes ist und ohne den Erhalt irgendeines Dankes für den großen Schutz, den wir eurer Küste so lange gegeben haben, seid euch bewusst, dass auch unser Schutz dadurch entsprechend reduziert wird. Dies ist unsere Warnung.

Unsere Zahl ist nun bis zu dem Punkt reduziert worden, dass es stetig schwieriger für uns wird, die Westküste weiterhin mit dem Schutz zu versehen, den wir ihr bis jetzt bieten konnten und mit dem noch größeren Schutz, den ihr in der Tat in einer sehr nahen Zukunft brauchen werdet.

Wir möchten noch gerne hinzufügen, dass ihr durch die derzeitige ständige Reduzierung unserer Zahl, so wie ihr sie schon durch die letzten Jahrzehnte hindurch betreibt, eure Ufer, das westliche Land der USA und seine Einwohner, einem viel größeren Risiko von ernsten katastrophalen Verheerungen aussetzt.

Ihr zerstört täglich achtlos und ohne weitere Gedanken zu verschwenden die Hüter, die euch, eure Küsten und euer Land seit Äonen geschützt haben.

Wenn wir einmal den Äxten und Sägen derer zum Opfer gefallen sind, die uns nur als Dollar-Zeichen betrachten, kommen wir nicht mehr zurück in diese Dimension. Wir gehen anderswo hin, um zu dienen, zu segnen und unsere Absichten auszustrahlen. Der Rest von uns wird sich zu den Millionen unserer Spezies gesellen, die schon gegangen sind. Wir sind in unseren Seelen unsterblich, geradeso wie ihr.

Der Tod unserer Körper wird „ein großer Verlust" in diesem Land sein, wie ihr bald herausfinden werdet und ein Verlust für die 3. Dimension dieses Planeten. Wenn wir nicht weiterhin das tun können, wozu wir hier sind, werden wir uns zu grüneren Gefilden weiterbewegen, in denen Liebe, Licht und Achtung regiert und wir wertgeschätzt werden.

Wir sind Aurelia Louise sehr dankbar dafür, dass sie sich die Zeit genommen hat, unseren Ruf tief aus dem Inneren ihres Herzens und ihrer Seele zu hören und von der wichtigen Botschaft Notiz zu nehmen, die wir schon so lange mit einem Menschen teilen wollten, bevor es zu spät ist.

Wir haben euch in unserem Schutz gehalten, in unserer Liebe, Weisheit, unserem Frieden, unserer Harmonie und Schönheit und mit Holz und Sauerstoff versorgt; wir haben eure Landschaft für Millionen von Jahren in jeder eurer vielen Inkarnationen geziert. Ihr kennt uns, so wie wir euch kennen. Auf Grund eures Falls in ein solch großes Ausmaß an Unbewusstheit, in dem ihr euch in dieser wichtigen Zeit des Erdübergangs befindet, habt ihr eure Wurzeln und eure Vorfahren und ein paar eurer besten Freunde vergessen.

Ihr erkennt eure Erde nicht länger als Mutter an, die ein ehrfurchtgebietendes, himmlisches, lebendes Wesen mit höchstem Auftrag und von höchster Intelligenz ist; ein Wesen, das geliebt, gehegt und geachtet wird unter allen Planeten dieses Sonnensystems, den vielen Galaxien dieses Universums und aller anderer Universen weit über dieses hinaus. Sie ist die Eine, die eure persönliche Evolution auf ihrem Körper mit solch großer Liebe, Fülle und mit Nahrung versehen hat; seit Äonen, völlig bedingungslos; egal, was ihr mit ihrem Körper getan habt.

Sie hat euch gestattet, Teile ihres Körpers unzählige Male zu beschädigen, zu vergiften und zu zerstören, um euch beim Voranschreiten auf eurem Pfad der Weiterentwicklung zu assistieren. Ihr habt ihre Ressourcen geplündert, ihr Blut in Form von Öl aus ihrem Körper herausgepumpt und ihre Kinder getötet und verstümmelt.

Viele von euch zerstören skrupellos große Bereiche an Land und Wohnsitzen der vielen Königreiche, die sie ebenfalls neben der sich entwickelnden Menschheit auf diesem Planeten beherbergt.

Ihr seid brutal zu den unschuldigen Wesen des Tierreichs gewesen und miteinander umgegangen. Sie betrachtet alle Wesen ihrer vielen Königreiche als ihre Kinder, ganz gleich welche Form sie haben. Sie liebt alle gleich. Ihr habt vergessen, dass alle sich entwickelnden Königreiche auf diesem Planeten, ungeachtet ihrer Form, die euch bekannt oder unbekannt ist, gleiche Rechte haben, hier zu leben und diesen Planeten mit euch zu teilen.

Dem Menschen wurde niemals die Herrschaft auf diesem Planeten gegeben, um daraus einen Freibrief für den Missbrauch und die Zerstörung anderer Königreiche zu machen, uns eingeschlossen.

Die dem Menschen gegebene Herrschaft war ein Freibrief, das Dominieren über seine eigene „niedere Natur" zu lernen, zum Zweck der Rückkehr in seine eigene Göttlichkeit und Unschuld. Wir senden euch heute einen „SOS"-Ruf durch diesen Channel. Tut was ihr könnt, um zu bewahren, was von uns noch übrig ist. Die Zeit wird sehr knapp. Ihr seid jetzt so nahe an einer Zeit, in der ihr unseren Schutz mehr brauchen werdet, als jemals zuvor. Wenn es nicht mehr genügend von uns gibt, um euch den Schutz zu geben, den ihr während der Erdveränderungen, die schon fast über euch sind, brauchen werdet, werdet ihr die Konsequenzen eurer karmischen Schöpfungen ohne die zusätzliche Gunst unseres Schutzes abwenden müssen. Und dann werdet ihr Bescheid wissen! Ihr werdet uns in eurer Seele anrufen und es wird zu spät sein. Unser Geist wird anderswo leben, im Land der Liebe und der Wertschätzung.

Das Geschenk unserer Anwesenheit ist in der Tat eine große Gabe für den Planeten, etwas, das einem Planeten nur einmal gegeben wird. Nach Millionen von Jahren in zahlreicher physischer Existenz hier und all der Gaben und all der Liebe zum Trotz, die wir der Erde, ihren Bewohnern und ihren vielen anderen Königreichen zu geben hatten, sind wir allein von der Unbekümmertheit einer einzigen Generation fast vollständig ausgelöscht worden!

Wenn ein Planet das Privileg unserer Anwesenheit
erst einmal durch Missbrauch verliert,
kehren wir in diese Dimension nicht mehr zurück.

Wir sind der Geist der Redwood-Bäume; wir sind die loyalen Freunde, die euch alle so lange geliebt und geschätzt haben. Wir sind die weisen Giganten, die alle Zivilisationen auf eurem Planeten von Anfang an gewiegt und genährt haben. Wir sind Devas mit großer Kraft und Weisheit und auch Teil des Schutz-Teams für diesen Planeten. Wir sind die treuen Diener eurer gesegneten Erdmutter.

16. Kapitel

Telos, eine lebendige Bibliothek

Seid gegrüßt meine Freunde!

Einer meiner Namen ist Thomas, ich bin einer der Älteren in Telos. Nur ein paar Tage vor der Zerstörung unseres Kontinentes bin ich in den Berg gekommen, um hier zu leben. Ich war Aurelias Bruder während ihres letzten Lebens in Lemuria; sie war meine um mehrere Jahre ältere Schwester. Auf Grund der Führungsposition, die sie zu dieser Zeit innehatte, war sie sehr beschäftigt und nahm sich doch immer Zeit für ihren jüngeren Bruder, sie hat mich immer mit Liebe und zuvorkommend behandelt; und so habe ich sie in Erinnerung.

Es ist mir ein großes Vergnügen, die Gelegenheit zu nutzen auf der Oberfläche der Erde gehört zu werden und euch in großer Liebe meine Energien darzubringen. Unsere Zeit in Telos während der vergangenen 12.000 Jahre ist einerseits sehr wundersam gewesen, aber auf der anderen Seite haben wir auch den Schmerz der Trennung von unseren Familienmitgliedern gefühlt, die auf der Oberfläche leben.

Mit großer Hingabe bereiten wir uns in unseren Herzen darauf vor, uns berührbarer mit euch zu vereinigen, so wie es demnächst möglich sein wird. Aber versteht, meine Freunde, dass dies nicht in 3-dimensionaler Frequenz geschehen wird, so wie ihr es jetzt kennt. Ihr werdet uns mindestens auf zwei Drittel des Weges in die 4. Dimension treffen müssen.

Unsere Mission in Telos wird nicht vollendet sein, bis wir nicht alle wieder als eine Zivilisation vereint sind. Alle Älteren in Telos, die auch grundsätzlich am meisten mit euch kommuniziert haben, hatten von Zeit zu Zeit eine Position im Lemurianischen Zwölferrat und in der Regierung unserer Stadt inne. Aber nun sind wir beiseite getreten, um den Jüngeren zu gestatten, diese Positionen einzunehmen. Wir glauben, dass jeder eine Gelegenheit erhalten sollte, einmal die Zügel in der Hand zu halten und die Rolle der Führerschaft unter der Aufsicht des Beratungskomitees der Älteren zu erfahren.

Die meisten der Älteren in Telos haben Familien, die sich beträchtlich vergrößert haben. Wir haben Kinder, Enkel, Urenkel und weitere Generationen, die noch nie physisch in eurer Dimension gewesen sind. Sie werden nun immer neugieriger darauf, das Leben auf der Oberfläche zu erleben. Obwohl die meisten von ihnen keinen Wunsch verspüren, gerade jetzt auf der Oberfläche zu leben, achten sie wirklich euren Mut, immer wieder in so schwierigen Situationen zu inkarnieren. So viele von uns, und speziell die Jüngeren, freuen sich nun wirklich auf den Tag, an dem ihr alle Gewalt auslöschen werdet. Sie wünschen sich von Herzen und in ihrem Geist, hervorzutreten und euch zu helfen.

In Telos liegt eine meiner Beschäftigungen darin, mich um eine umfangreiche Bibliothek zu kümmern, die Kristallplatten enthält, auf denen die gesamte Geschichte der lemurianischen Kultur von Anfang bis Ende aufgezeichnet ist, und ebenso alles, was sich Innen und Außen auf dem Planeten seit der physischen Zerstörung unseres Kontinentes ereignet hat. Unsere Bibliothek enthält auch alle Aufzeichnungen über die „wahre" Geschichte unseres Planeten, von der die Oberflächen-Menschheit nur sehr wenig weiß. Mit mir zusammen arbeitet ein wunderbares Team, das sehr groß ist und wir waren eine geraume Zeit lang sehr beschäftigt, um alle unsere Aufzeichnungen in verschiedenen Sprachen zu duplizieren, in Vorbereitung auf den Tag, an dem sie euch zur Verfügung stehen werden, um euer wahres Wissen und die Weisheit zu steigern.

Dies wird dann der Fall sein, meine Lieben, wenn ihr in der Lage sein werdet, zur wahren und wundersamen Geschichte eures Planeten, eurer Mutter Erde und der vielen Menschengeschlechter, die hier in der Vergangenheit und bis zum heutigen Tag gelebt haben, Zugang zu haben.

Die komplette und vollständige Geschichte eures Planeten ist während der vergangenen 12.000 Jahre niemals irgendeinem eurer Historiker bekannt gewesen. Was ihr glaubt zu wissen, ist ziemlich beschränkt und umfasst höchstens entstellte Bruchstücke der wahren Geschichte. Die echten Aufzeichnungen werden keinem von euch zugänglich sein, bevor sie offiziell freigegeben werden. Viele eurer Historiker haben ihr Bestes getan, ihre eigenen Wahrnehmungen der Erdgeschichte aufzuzeichnen, aber keiner von ihnen war brillant genug, auch nur ein signifikantes Segment davon wahrzunehmen und zu entschlüsseln und erst recht nicht das gesamte Spektrum.

Wenn euch diese Erforschung gestattet wird, werdet ihr in der Lage sein, Zugang zu der gesamten Information zu bekommen. Wir lächeln schon wohlwissend, dass ihr sehr überrascht sein werdet, erstaunt und sprachlos über alle Maßen, um es gelinde auszudrücken.

Vor dem Untergang Lemurias wurden alle Aufzeichnungen nach Telos gebracht, um für das Wissen und die Weisheit für zukünftige Generationen zu bewahren. Wir haben, nicht nur für diesen Planeten, eine lebendige Bibliothek, sondern auch für die gesamte Galaxie und dieses ganze Universum. Wir wussten, dass nur sehr wenige Aufzeichnungen, wenn überhaupt, den Verlust der beiden großen Kontinente und die darauf folgenden Erschwernisse überleben würden.

Meiner Wahrnehmung nach werden innerhalb der nächsten zwanzig Jahre, oder auch bereits früher, die Duplikate unserer gesamten Aufzeichnungen wieder auf der Oberfläche bekannt gemacht werden, damit ihr sie alle einsehen und willentlich studieren könnt. Ihr werdet viel Weisheit aus solch breit gefächerter und akkurater Information gewinnen. Euch wird dann auch die Technologie zur Verfügung stehen, um die Kristallplatten zu lesen. Vollständige Ausgaben dieser Aufzeichnungen werden in vielen Teilen dieses Planeten verfügbar sein. Dies ist ein großes Unterfangen, dessen Organisation wir zu eurem Wohle unternehmen. Unsere Arbeit ist ein Liebesdienst und wir erfüllen ihn auch mit großer Freude, denn er stellt euch Mittel bereit, die euch in die Lage versetzen werden, in nicht allzu ferner Zukunft Zugang zur Erdgeschichte zu erlangen.

In großer Liebe umarme ich euch drei heute *(Aurelia und zwei andere Damen).* Ihr seid wahrhaftig auf den inneren Ebenen Teil der Schwesternschaft von Telos. Wir betrachten euch so. Unter euch auf der Oberfläche gibt es noch viel mehr von euch, die von diesem Material angesprochen werden und die ebenso Teil dieser Schwesternschaft sind, ob sie sich nun dessen bewusst sein mögen oder nicht. Ich weiß, dass ihr euch gegenüber Adama, Ahnahmar, Galatia, Celestia und einigen anderen aus Telos geöffnet habt. Ich empfehle mich nun und lade euch ein, euch auch mir gegenüber zu öffnen. Ich bin bereit und willens, mich mit euch allen wiederzuverbinden, um euch dabei behilflich zu sein, eure Freude und euer Verständnis zu vermehren. Bis wir uns wieder treffen, bewahre ich euch sehr liebevoll in meinem Herzen.

17. Kapitel

Schlussworte von Adama

Ich würde gerne unsere Botschaften an euch beschließen, indem ich zu euch allen, die dieses Material hier lesen werden, sage, dass es mir eine Ehre und ein großes Vergnügen gewesen ist, auf der Oberfläche wieder eine Stimme durch die Veröffentlichung dieser Information zu haben. Ich möchte auch meine tiefe Dankbarkeit gegenüber Aurelia Louise ausdrücken, für ihre bedingungslose Hingabe an ihre Mission und ihre Vision der Denkanstöße, die ihre Arbeit allen Nationen dieses Planeten bringen wird, die durch unsere Energien und die enthaltenen Lehren in großem Ausmaß gesegnet werden. Eine derart große Anzahl geliebter Seelen überall ist bereit, ihre Herzen dem lemurianischen Erbe zu öffnen. Unsere Bücher werden die Erinnerungen bringen, die diese Seelen für ein großes und intensives Erwachen brauchen.

Wir sehen voraus, dass unsere Lehren nah und fern in Umlauf sein werden, um diejenigen zu erreichen, die auf der ganzen Welt verteilt mit uns verbunden sind, und um hunderttausenden auf ihrer Reise in die spirituelle Freiheit zu assistieren. Ich möchte euch allen, die unsere Übermittlungen lesen werden, versichern, dass wir, wo auch immer ihr seid, während ihr lest an eurer Seite sein werden, euch Liebe übersenden und Ermutigung zukommen lassen, euer Herz und euer Bewusstsein immer höheren Bewusstseinsebenen zu öffnen.

Die Energie, die wir euch durch diese Worte und die Herzensverbindung mit euch übermitteln, wird die Perspektive eurer gegenwärtigen Lebenserfahrung für immer verändern. Unsere Absicht durch dieses ganze Buch hindurch ist, euch einen Geschmack davon zu vermitteln, was es mit einer erleuchteten Zivilisation auf sich hat, und euch zu ermutigen, damit zu beginnen, diese Prinzipien in eurem täglichen Leben bestmöglich anzuwenden. Wenn ihr das tut, werdet ihr bald entdecken, dass euer Leben mit größerer Leichtigkeit und Gnade fließt. Ihr alle zusammen, gemeinsam mit uns aus den lichten Reichen, werdet diesen Planeten heilen. Dem kosmischen Gesetz nach können wir euren Anstrengungen nur entsprechen. Bald, in ein paar Jahren von jetzt an, werden viele von uns berührbarer unter euch sein, um euch zu zeigen, wie wundervolle Lichtgemeinschaften erschaffen werden können und um das Fundament für das Neue und beständige Goldene Zeitalter auf diesem Planeten zu legen.

Unser Hervortreten unter euch wird die wundervollste Erfahrung für alle von euch sein, die auf unsere Rückkehr warten. Unsere Präsenz auf der „Oberfläche“ und unser Verbindung mit euch, um wieder eine Zivilisation zu sein, ist die Wiedervereinigung, nach der sich die meisten von euch so tief gesehnt haben. Ich bitte euch eindringlich, den Weg für unser Kommen vorzubereiten. Wir sind schon jetzt bereit, um unter euch zu sein, aber die Bereitschaft muss auch auf eurer Seite entstehen. Zur Zeit ist eure Welt noch nicht dafür bereit, unsere Energien direkt zu empfangen. Ich bitte euch alle – individuell wie kollektiv – zu tun, was ihr könnt, um zuerst euch selbst vorzubereiten und dann das Wort unter jenen eurer Zuhörerschaft zu verbreiten, die bereit sind, sich dieser Möglichkeit zu öffnen.

Strahlt eure Liebe aus und bittet darum, in die „Liste derer aufgenommen zu werden", die wir zuerst kontaktieren werden. Es spielt keine Rolle, wo ihr lebt oder wie fern ihr seid; wir haben Wege, jeden auf dem Planeten zu kontaktieren, den wir wollen – wo auch immer – wenn die Zeit reif ist. Die Voraussetzungen, um auf der „Liste zu stehen", sind erstens der Wunsch danach, zweitens die Öffnung eures Bewusstseins in Annahme eurer Göttlichkeit und drittens der Dienst an euch selbst und an der Menschheit als Wegbereiter für unser Erscheinen. Bedenkt auch, dass wir euch nicht in eurem gegenwärtigen Bewusstseinsstand treffen werden. Ihr müsst höher schwingen und uns in unserer Dimension wahrnehmen können oder uns zumindest auf zwei Dritteln des Weges entgegenkommen.

Alle in Telos schließen sich mir und diesen Worten an, euch Segnungen der Liebe, der Heilung, der Fülle, der Weisheit und der göttlichen Gnade zu senden. Wisset, dass wir die Führer sind, die euch bei jedem Schritt Unterstützung anbieten, lediglich auf euer Bitten hin und auf die Einstimmung eures Herzens auf Liebe und Mitgefühl.

Ich bin euer lemurianischer Bruder und Freund Adama.

Das Channeln von Adama

Aurelia Louise Jones

Zur Zeit gibt es eine wachsende Anzahl von Menschen, die von sich sagen, Adama zu channeln. Im Internet kursieren sämtliche Botschaften im Namen Adamas. In einigen Fällen weiß ich, dass die Botschaften authentisch sind, während sie es in anderen Fällen nicht sind.

Ich übernehme keine Verantwortung für jegliche Information, die durch andere Leute im Namen Adamas oder Ahnahmars veröffentlicht wird; diese Information mag authentisch sein oder auch nicht.

Seit der Veröffentlichung der Telos Bücher Band 1 und 2 in französischer Sprache gibt es eine überraschende Anzahl von Menschen, die plötzlich sagen, sie seien nun ein neues Channel für Adama und auch für Ahnahmar geworden. Es gibt sogar Menschen, die behaupten, ein Ersatz für mich geworden zu sein. Im Internet gibt es alle erdenklichen Arten von zirkulierender gechannelter Information, speziell in Nachrichtengruppierungen und veröffentlicht im Namen von Adama. Manche sind ganz nett und scheinen aus dem Herzen zu kommen, während andere einfach irreführend sind und nicht der lemurianischen Schwingung entsprechen. Leider ist dies sehr verwirrend für alle ernsthaften Wahrheitssucher und speziell für diejenigen, die noch nicht weit genug entwickelt sind, um den Unterschied wahrzunehmen zwischen den authentischen und den nicht authentischen Botschaften.

An Adama werden oft Fragen gestellt, deren Beantwortung Aufschluss über die Unterschiede der in seinem Namen gechannelten Information hinsichtlich der Echtheit geben soll. Die Leute wollen wissen, wem sie trauen können und was den Unterschied ausmacht zwischen denen, die wirklich Adama channeln und jenen, die einfach nur sich selbst channeln oder Wesenheiten mit niedrigerer Schwingung, die vorgeben, Adama zu sein. Es ist auch für mich nicht immer einfach, auseinander zu halten was authentisch ist und was nicht oder die Absichten anderer zu beurteilen, denn Bewertungen sind immer Fallen. Jede Person muss sich ihr eigenes Urteil bilden und auf diese Weise ihre Tressen spiritueller Meisterschaft verdienen.

Und dies hat Adama dazu zu sagen:

Aus verschiedenen Gründen, die euch nicht offenbart werden dürfen, würde ich gerne darauf hinweisen, dass ich derzeit niemand anderen außer Aurelia Louise Jones autorisiere, mich offiziell zu channeln in der Ausrichtung, Bücher zu veröffentlichen oder um in meinem Namen an öffentlichen Präsentationen teilzunehmen. Wenn die Erlaubnis dazu jedem gewährt wäre, würde die Unterscheidung von echten und authentischen Botschaften und von Botschaften, die dies nicht sind, extrem schwierig werden für diejenigen, die den zur Unterscheidung notwendigen spirituellen Grad noch nicht erlangt haben.

Das Risiko, dass unsere Lehren noch einmal durch die Hände derer entstellt und beeinflusst werden, die noch nicht die Einweihungen und die innere Schulung erhalten haben, um unsere Information durchzubringen, würde stark ansteigen. Es wäre auch eine Einladung an jene, die als persönliche Agenda die erneute Korruption unserer Lehren mit Unwahrheiten haben, wie es auch schon bei jenen in der Vergangenheit der Fall war. Darum existieren unsere Original-Lehren nicht mehr; sie sind wieder und wieder verdorben worden durch Menschen, die weder die Klarheit noch die Integrität der Absicht besitzen, die diese Lehren erfordern. Wir wollen ganz sicher sein, dass dies nicht noch einmal vorkommt.

Wenn unsere Lehren, die das ursprünglich aus der göttlichen Quelle stammende lemurianische Bewusstsein beinhalten, durch zu viele Menschen übermittelt werden dürfen, könnten sie wieder verzerrt werden, speziell durch diejenigen, die einfach nur von einem populär gewordenen Thema profitieren wollen. Dies würde viel Verwirrung in den Herzen und Seelen derjenigen verursachen, die wir zu erreichen suchen und auch bei denen, die wiederum uns wahrhaft erreichen möchten.

Deswegen beschränken wir uns für eine noch unbestimmte Zeitspanne auf Aurelia, die bereits einen „vorgeburtlichen" Vertrag abgeschlossen hat, mit uns zu arbeiten.

Diejenigen, die mich ohne angemessene Vorbereitung channeln und ohne spezielle Einladung dazu, ausgenommen einer gelegentlichen Botschaft an eine kleine Gruppe oder um jemandem beizustehen, der Unterstützung braucht, mögen lediglich eine Illusion repräsentieren, denn ich bin nicht immer präsent. Und wenn ich präsent bin, bedeutet das nicht automatisch, dass es für mich immer angemessen ist, eine Botschaft durchzugeben. Wir möchten nicht, dass die Herzen derer, die diesem Channel zuhören, von etwas anderem kontaktiert werden, als durch die höchste Integrität lemurianischer Energien und ganz sicher nicht von jemandem in der „Maske" von Ahnahmar oder anderen oder mir aus Telos, wenn dies nicht der Wahrheit entspricht.

Es gibt Leute, die mein Foto benutzt haben, um in meinem Namen fälschlicherweise ihre Produkte zu verkaufen und zu vermarkten. Bitte nehmt zur Kenntnis, ihr Lieben, dass ich mich an solchen Unternehmungen nicht beteilige und dass ich ganz sicher kein Kaufmann bin und erst recht nicht für Leute ohne Integrität.

Alle nicht authentischen Channelings haben eine Schwingung der Persönlichkeit und können zu spirituellen Fallen werden. Seid euch bewusst, meine Freunde, dass viele von denen, die zur Zerstörung der beiden Kontinente beitrugen, auch heute noch inkarniert sind und viele von ihnen sind damit beschäftigt, das hereinkommende Licht aufzuhalten. Sie möchten auch das lemurianische Hervortreten auf jede erdenkliche Weise verhindern. Sie werden sich oft als Lichtengel ausgeben, die zu eurer Rettung kommen und mögen euch alle erdenklichen Angebote machen. Ich bitte euch, lasst euch nicht täuschen und überprüft immer mit Scharfblick in euren Herzen.

Zu dieser Zeit, meine Freunde, ist der Einsatz für den Planeten und für eure eigene persönliche Evolution zu hoch. Seid euch auch bewusst, dass ihr mehr als einmal mit Prüfungen der Täuschungen konfrontiert sein werdet. Klinkt euch nicht in das Opferbewusstsein ein. Werdet als Meister souverän in eurer göttlichen Macht.

Ich möchte euch wissen lassen, dass es mir immer ein großes Vergnügen ist, mich direkt mit euch zu verbinden und mit euch in eurem eigenen Herzen zu sprechen. Es ist mir auch eine helle Freude, gelegentlich eine persönliche Botschaft an euch zu richten und auch wenn ihr euch in kleinen Zusammenkünften trefft und jemand in der Gruppe auf das ausgerichtet ist, was ich übermitteln möchte. Manchmal bin ich bei euren Versammlungen präsent und strahle meine Energie und meine Liebe an euch alle aus, aber ich bleibe still und unbemerkt. Für uns ist die Energie, die wir für eure Transformation bringen oft wichtiger als Worte. Sehr oft können Worte begrenzend sein. Ich bitte euch, diese kostbaren Momente zu empfangen und zu schätzen und das, was euch mitgeteilt wird, tief in euren Herzen zu bewahren. Ihr müsst das, was ihr direkt von uns empfangt, nicht im Internet oder anderswo verkünden. Sehr oft ist die Übermittlung nur an die Anwesenden adressiert und ist nur für diese zur Zeit angemessen und nicht zur öffentlichen Verbreitung bestimmt.

Ich möchte auch noch hinzufügen, dass ich in Telos einer derjenigen bin, die freiwillig ins Licht der Öffentlichkeit treten. Andere wiederum, besonders Ahnahmar, wollen noch nicht in dem Maße öffentlich bekannt werden, wie ich es bin, einfach aus dem Grund, weil ihre Zeit dafür noch nicht reif ist. Ahnahmar wünscht derzeit nicht, dass sein Foto „kommerzialisiert" wird und er möchte auch nicht öffentlich auftreten, nur ab und zu in einem gelegentlichen Channeling für Aurelia, der Geliebten seines Herzens, und für ihre Schriften.

Ahnahmar und ich sind gewiss nicht daran interessiert, Botschaften über jene Wesenheiten durchzugeben, die in ihren Leben nicht die Integrität und die Transparenz der lemurianischen Schwingung manifestieren. Wir sind glücklich, wenn wir euch persönliche Botschaften geben können, wenn sich euer Herz mit unserem Herzen in euren Meditationen einschwingt. Es ist wichtig, dass ihr lernt zu unterscheiden, wann diese Botschaften mit anderen geteilt werden können und wann nicht.

Alle Botschaften von uns und von anderen Wesenheiten aus den lichten Reichen enthalten immer Schlüssel der Weisheit, die ihr für euer Vorwärtskommen integrieren müsst oder die euch den Weg zu eurem nächsten Schritt auf eurem Pfad zur Selbstwahrnehmung weisen. Es ist immer wichtiger, das zu integrieren, was ihr schon empfangen habt, als schon wieder nach der nächsten Botschaft Ausschau zu halten und dann wieder nach der nächsten, lediglich um mehr Information aufzunehmen und in eurem Mentalkörper zu speichern.

Wenn ihr in euer Bewusstsein nicht integriert, was ihr bereits empfangen habt, wird es in eurem Verstand ein Durcheinander geben, das euch nicht immer dienlich sein kann.

Das Herz von Lemuria wohnt in jedem von euch, ob es erkannt wurde oder nicht. Es ist unsere heilige Mission, euch gemeinsam mit Aurelia Louise Jones und denen, die mit ihr zusammenarbeiten beim Wiedererwachen in die Gesamtheit eurer Göttlichkeit zu helfen und euch dabei die Heiligkeit eurer eigenen Reise zu erkennen zu lassen.

Eure Bereitwilligkeit, euch den Energien zu öffnen, die eurer Verständnis ausdehnen können, sollte niemals von den Gefühlen der Unsicherheit in Bezug auf die Quelle dieser Energien bedroht werden. Deswegen werden wir euch weiterhin daran erinnern, dass das, was ihr hört und lest die „Glocke der Wahrheit in euren Herzen" zum Klingen bringen sollte. Denn hier und nur hier residiert die Authentizität. Nur mit euren Herzen könnt ihr all die vielen Schwingungen des Göttlichen unterscheiden und das erkennen, was in diesem gegenwärtigen Moment für euch am Passendsten sein mag.

Zögert niemals, uns in euren Herzen zu befragen. Wir werden immer antworten.

Ich bin Adama, ein Lehrer für die Menschheit.

Die Telos Weltstiftung

Mission

Wir sind eine nicht profitorientierte Organisation, die sich der Expansion der Information und der Lehren von Telos und der Vorbereitung auf das letztendliche Hervortreten unserer lemurianischen Brüder und Schwestern auf der Erdoberfläche widmet.

Ziele

Die Ziele der Stiftung sind folgende:

- Die Ausdehnung der lemurianischen Mission in Kanada und weltweit.
- Unterstützung der Schriften und Arbeit von Telos.
- Assistenz für andere Gruppen, besonders für internationale Gruppen, um Strukturen bereitzustellen und die Lehren von Telos zu fördern.
- Assistenz bei der Einrichtung von lemurianischen Websites in anderen Sprachen.
- Aufbau eines Zentrums zur Unterrichtung und Brüderlichkeit.
- Bereitstellung von benötigtem Kapital, um unsere Ziele zu erreichen.

Adresse:
Telos World-Wide Foundation, Inc.
Center 7400
7400 St. Laurent, Office 226
Montreal, QU - H2R 2Y1 - CANANDA
Tel: (001 International) 1-514-940-7746

E-Mail:
info@fondationtelosintl.com
info@telosmondiale.com
fondation@lemurianconnection.com

Web Sites:
www.fondationtelosintl.com
Www.telosmondiale.com/index.php

Telos Deutschland
www.lemurian-connection.de

Telos Frankreich
Gaston Tempelmann, president
www.telos-france.com

Hinweis von Aurelia Louise Jones

Bitte nehmt zur Kenntnis, dass ich jeden Tag eine große Anzahl E-Mails aus vielen Ländern erhalte. Es ist für mich unmöglich geworden, selbst einen kleinen Prozentsatz dieser Post zu beantworten und gleichzeitig in der Lage zu bleiben, die für die Ausweitung der Mission und für meine persönlichen Belange notwendige Arbeit zu tun. Ich lese eure Briefe und würde gerne eure herzliche Schreiben beantworten, aber das ist nicht machbar. Ich bitte um euer Verständnis und euer Mitgefühl. Mögen Frieden und Liebe mit euch sein.

Band 2: Die Lehren vom Heiligen Dreieck Buch 1

Buch incl. CD

266S., broschur, EUR 26,90 ISBN 3-933470-22-6

Band 3: Die Lehren vom Heiligen Dreieck Buch 2

272 S., br., Vierfarbtafeln, EUR 21,90 ISBN 3-933470-24-2

....

Bücher von Dr. Joshua David Stone

Die leicht zu lesende Enzyklopädie des spirituellen Pfades

Für diejenigen, die zwar die Absicht haben, die gesamte Geschichte der Spiritualität zu studieren, denen jedoch die Lebenszeit, die es benötigen würde, zu kurz ist, stellt diese Bücherserie ein großes Geschenk dar. Dr. Stone hat das Essentielle seiner ausgedehnten Forschungen und intuitiven Informationen zusammengetragen und beides zu einer einfachen und fesselnden Erforschung der Selbstverwirklichung verknüpft.

1. Band: Das komplette Aufstiegs-Handbuch

- Wie man den Aufstieg in diesem Leben erreicht

416 S., gebunden, EUR 29,90 ISBN 3-933470-60-9

2. Band: Seelenpsychologie

- Psychologie der Seele
- Die spirituellen Schlüssel zum Aufstieg
- 448 S., gebunden, EUR 32,90 ISBN 3-933470-61-7

3. Band: Der Pfad des Aufstiegs

- Ein Wegbegleiter

288 S., broschur, EUR 22,90 ISBN 3-933470-63-3

4. Band: Aufgestiegene Meister weisen den Weg

- Leuchtfeuer des Aufstiegs

320 S., gebunden, EUR 26,90 ISBN 3-933470-64-1

5. Band: Integrierter Aufstieg

- Offenbarungen für das neue Jahrtausend

448 S., gebunden, EUR 31,90 ISBN 3-933470-65-X

6. Band: Aufstiegskurse

224 S., broschur, EUR 21,90 ISBN 3-933470-66-8

7. Band: Spirituelle Achtsamkeit

im Angesicht des Terrorismus

- Enthüllte Wahrheit und Weisheit Gottes!

176 S., broschur, EUR 16,90 ISBN 3-933470-67-6

8. Band: Verborgene Mysterien

448 S., gebunden, EUR 31,90 ISBN 3-933470-68-4

9. Band: Wie man sich vom negativen Ego befreit

320 S., gebunden, EUR 25,90 ISBN 3-933470-69-2

10. Band: Der Integrierte Lichtkörper

288S., broschur, EUR 23,90 ISBN 3-933470-70-6

11. Band: Goldene Schlüssel für Aufstieg und Heilung

248S., broschur, EUR 23,90 ISBN 3-933470-71-4

12. Band: Quan Yins Meisterprinzipien
für Gesundheit, Kraft und Fülle

224 S., broschur, EUR 17,90 ISBN 3-933470-72-2

....

Renate Lippert - Das Geheimnis der Bejahungen
- ein täglicher Begleiter für das spirituelle Wachstum

96S., broschur, EUR 12,90 ISBN 3-933470-12-9

Eine umfassende Auflistung sehr wirkungsvoller Bejahungen für die verschiedenen Bereiche des Lebens wie Gesundheit, Erfolg, Wohlstand, Glück, spirituelles Wachstum etc. läßt dieses Buch zu einem unverzichtbaren täglichen Begleiter werden.

....

Kiara Windrider - Das Portal zur Ewigkeit

Brosch. 400S., 13farbig, ISBN 3-933470-20-X EUR 24,90

"...Das Portal zur Ewigkeit ist genau das, was der Titel verspricht und bringt den Leser punktgenau in das Herz, die Gedanken und den Geist dessen, was IN EWIGKEIT EXISTIERT. Eine der intensivsten Beschreibungen einer Reise durch die großen Mysterien des Lebens, gleichzeitig jedoch auch eine der liebevollsten und sanftesten. Ein Muß für alle, welche die wahre Natur der Realität, des Aufstiegs, des Wachstums und des Seins erforschen wollen." *Rev. Janna S. Parker, Channel für Quan Yin*

CD 1 zum Buch "Das Portal zur Ewigkeit"
Geführte Meditationen:

Die Vipassana Meditation / Die Zeitlinien-Heilung.
In Deutsch gesprochen von Rudolf Lippert/ Musik Paul Armitage.
Preis: EUR 19,90 ISBN CD1: 3-933470-42-0

Saint Germain *Crea und Sananta*

broschur 128 S., EUR 15,90 ISBN 3-933470-08-0
Durchgaben, Anrufungen und Meditationsübungen von SAINT GERMAIN. Eine Beschreibung des Wirkens dieses großen Meisters. Reinigung und Umwandlung mit der Violetten Flamme.

Sananda *Crea*

broschur 152 S., EUR 16,90 ISBN 3-933470-02-1
Eine Zusammenfassung wertvoller Durchgaben und Meditationsübungen von SANANDA, die das Wirken dieses großen Meisters beschreibt.

LICHT - MEDITATIONEN Bd. 1+2 *Sananta*

mit Engeln und Aufgestiegenen Meistern, brosch.128 S., EUR 15,90
ISBN Band 1: 3-933470-09-9 / ISBN Band 2: 3-933470-11-0
Meditationen auch geführt auf CD erhältlich.
Die regelmäßige Anwendung dieser Meditationen bewirkt eine Erhöhung der persönlichen Schwingung und unterstützt die eigene geistige Entwicklung. Diese Meditationen umfassen unter anderem Themen wie: Geistigen Schutz, Heilung, Reinigung, Erdung, Licht, Vergebung, Loslassen, Freude, Liebe, Frieden...

El Morya *Crea*

broschur 96 S., EUR 8,90 ISBN 3-933470-01-3

Eine Zusammenfassung wertvoller Durchgaben und Meditationsübungen von EL MORYA, die das Wirken dieses großen Meisters beschreibt.

Maria - Die Ankunft des Lichtkindes *Sananta*

broschur 72 S., EUR 8,90 ISBN 3-933470-00-5
Empfängnis, Schwangerschaft, Geburt
und Kindheit aus geistiger Sicht.